平凡な主婦 浮気に完全勝利する

マンガ
むい

原案
SOMAN

はじめに

はじめまして、原作者のSOMAN（そまん）と申します。
表紙にも書いてある通り、平凡な主婦です。
今回、私が2年前の夏に体験した夫の浮気を、ゆむいさんにリアルに漫画にしてもらいました。

私は夫の浮気に気づいたとき、〝あの真面目な夫の浮気だからきっと本気だ、離婚することになるだろう〟と思いました。そのとき最初に、Amazonで「離婚　最短」とか「離婚　勝利」とか調べたんですね。最短で誰よりも鮮やかに離婚し、勝つ方法が知りたかったんです（笑）。
でも出てくるのは「傷ついたあなたへ送る」とか「離婚の手続きと準備が図解で」とかばっかりで、いや今、そんなん違うよ！　傷ついた心はあとで癒せばいいし、図解でって言ったって文字が多くてわかりにくいよ！　さっと読めるわかりやすいやつ、ないの？　そう思ったことがきっかけでした。

今でも覚えています。

初めて探偵事務所に行った夜、母とご飯を食べながら「私はこの体験を、絶対本にしたい！」と言ったことを。

実際に経験すると、「この友達からの言葉、異常に傷つくなぁ」とか「えっ、ぜんぜん慰謝料ってもらえないんじゃん」とか、「誓約書、法的に意味ないの⁉」とか、たくさん驚くことや気づきがあり、ますます人に伝えたくなりました。ですので、ここにはリアルで役に立つ情報がたくさん載っています。

あと、浮気されたのに「自分に原因があると思い、自分をさらに責めて傷つけてしまう人」をたくさん見ました。私は自己肯定感の塊女ですので、自分を責めることは1ミリもなかったんです。

ただ、女性として自信を失う場面はありました。だから、その気持ちもわからなくはないんだけど、「今はそれしちゃだめだよ！」と

本当にキツイとき、死ぬほど人に傷つけられたときだからこそ、今はそれしないで、っ

ていうか、「あなたのせいじゃないから‼」っていうのは、声を大にして伝えたいです。責めるべきは、浮気をした夫、ルールを守らない浮気相手の女、あとは強いて言うならば〝馬鹿な男を好きになった自分〟くらいですかね。それは、あとから体力が戻ったときに反省したり、次に生かしたらいいと思います。

今は心あたりはないけれど、心づもりのために読んでおきたい！　それもすごくいいと思います。

とにかく浮気は初動が大事だからです（笑）。なぜ初動が大事なのか、そして決してあわてちゃダメ、ということもしっかり書いてあります。

今となれば、本当に「夫の浮気があってよかった！」って思えます。私自身も変わりましたし、成長できました。

何より、浮気されて傷ついている人の気持ちがリアルにわかるようになったので、現在進行形の友達の相談にも、たぶんこういう風に言ってもらいたいんだろうな～ということを言ってあげるとともに、現実的な対策・やらなければならないことを見つめさせるように誘導する、というバランスの良い対応ができていると思います（笑）。

私のこんな経験で友達を助けることができたらとっても嬉しいし、それがこの本の出版にもつながったので、どんな経験も無駄なことはひとつもないと思います。

誰にも相談することができない人、もしくは誰かに相談したら、さらに傷をえぐられるようなことを言われてしまった人、そんなたった一人で頑張るあなたに、心から贈りたいです。あなたは一人じゃない。あなたは悪くなんかない。

あなたを力強く支えるバイブル本になればいいな、と思います！

終わりのない日々なんかない、絶対に笑える日がまたくる。そのときは笑ってネタにしよう。

どんな答えを出したとしてもこの経験があなたの真の優しさと強さを生むから。絶対に負けないで、一緒にがんばろう。私がついてるから。

SOMAN

CONTENTS

Part 1
浮気に完全勝利する ポジティブ嫁日記

マンガ

Part 2
離婚する？ しない？

解説

Part 3
完全勝利離婚までのHOW TO

解説

Part 1

浮気に完全勝利する ポジティブ嫁日記

登場人物紹介

「マンガ 浮気に完全勝利する ポジティブ嫁日記」に登場する主な人物です。

ミキ

職場恋愛をして結婚した夫と幸せな日々を送っていたが、結婚わずか2年で夫の浮気が発覚。

ヒロキ

ミキの夫。広告代理店に勤務。優しくて真面目な人柄だが、仕事の取引先の女性と浮気。

花岡さん

ヒロキの浮気の相手。年下の若い女の子を想像していたけれど……。

ミキの母

探偵事務所に支払うお金を立て替えてくれたり、浮気相手に一緒に会いに行ってくれたり。持つべきものは母。

探偵事務所の所長 と 相談員の増田さん

元刑事の頼れる所長。増田さんはカウンセラーの資格を持ち、相談者の悩みを優しく受け止めてくれる存在。

!!
まさかの夫の浮気発覚！

嘘でしょ…？

花岡良子
もう着くよー
今日はありがとう
ございました
またお泊まり来て
ください
長い時間一緒にいられて
楽しかったです
まさか…

シャアア
アアア

まさか夫が
シャー
不倫(こんなこと)
する人だったなんて…

夫・ヒロキとの出会いは
都内の大手広告代理店
職場恋愛だった

華やかな世界
激務が続いて
つらい時期もあったけど

仕事は刺激的で
楽しいし
エンターテインメントが
大好きな私にとっては天職！

新卒から
ずっと働き続け
やりがいを
感じていた

ミキちゃん
一緒に
暮らそうよ

…うん！
同じ職場で
付き合いだして
すぐに同棲し

半年後
入籍
婚姻届
夫になる人
氏名
いちのせ ひろき
一ノ瀬 ヒロキ
生年月日
住所
東京都 渋谷区

ヒロキは
広告業界に勤める
人間としては珍しく
酒も飲まず
タバコも吸わず
ギャンブルもしない

重いんじゃない？
持つよ
えっ
ありがとう…

とにかーーく
優しくて真面目な人

我ながら
いい男
捕まえたなー♡

そして
結婚と同時に
今後のことを
考えると
この業界で
働き続けるのは…
退職を決意

退職後は
不動産屋で
パートをしつつ
元々やりたかった
飲食の仕事も始め

適度に暇もあり
海外旅行にも
たくさん行って

私今
超幸せだ～♡
結婚1年目は
自由に楽しく
暮らしていた

でも…
何時に帰る？
ごめん
今日も会社に泊まる
ことにした

繁忙期だからなぁ…今頃あのフロアは戦場だ…

結婚してから平日に晩御飯食べたの
たったの5回だよ〜!?
なー

これなら私も働いてた時の方が一緒にいる時間長かったのではー!?
な〜〜ッ
ぎゅううう

…けどその分週末を濃厚に過ごせるからいっか♡
パッ
な〜〜〜ッ

なんて呑気に考えていた

運命の日は突然やってくる
ただいま〜

おかえり！今日は早いね
月曜から終電は避けたくてねー
あははっそうだよね！ご飯は？

あー…
食べてきた
そっか
俺
シャワー
浴びるね
はーい

ガラッ
ポイ

ジャー
カチャ
カチャ

シャアアアア
ピピピピ

あーもー

アラーム音
聞こえてないのー？

ん？
3分前
LINE
花岡良子
こないだ、楽しかったです♡

ヒロキさんより優しい人
いないですよ(/▽<)♡
やっぱりすぐ帰った方が
よかったですね

大丈夫だった？
あんまり遅くなるならまた
言ってね。送る

雨の中すみません（><）
気をつけて帰ってください

いいよいいよ（＾＾）
女の子が一人で夜道を歩くのは
危険だから

じゃあもっと
甘えちゃっても
いいですか？♡

またまたぁ♡
私ヒロキさんしか
男性のこと知らないので…♡
公私ともに色々ご指導お願いします♡

俺でいいの？

ヒロキさんだからいいんですよ♡
私の全身がヒロキさんを求めてます♡
ずっと一緒にいたいです

ヒロキさんが寝てるときに
チューしてたの
気づいてましたぁ？笑

えっそうなの
だからエッチな夢
見ちゃったのかな

えーどんな夢見たんですかぁ
次の時再現してくださいよ♡

もう着くよー

今日はありがとう
ございました！
また二人でお風呂

はいクロです！
クロでーーす!!

全員集合
クロです!!

結婚してわずか2年
夫の不倫が発覚

シャアアアア

幸せだと
思っていた日々は
崩れ去り

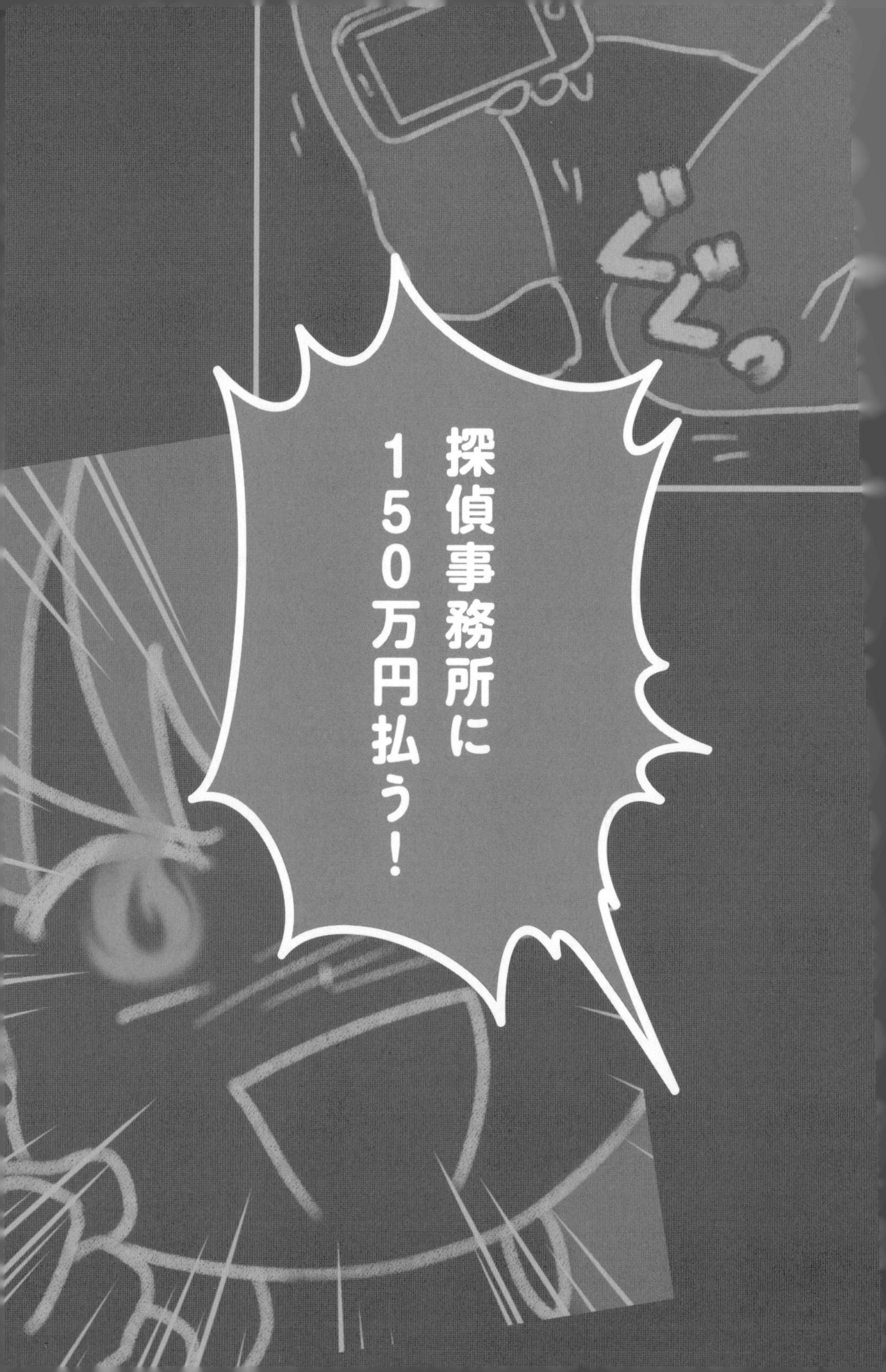
ぐぐっ
探偵事務所に
150万円払う！

15歳のとき
大好きだった父が急死した

本当に
つらくて つらくて
つらすぎて
私まで死んでしまいそう
だったけど

あの時のつらさとは
全然違うつらさだ
花岡良子
ヒロキさんが寝てるときに
チューしてたの
気づいてましたぁ？笑
えっそうなの
だからエッチな夢
見ちゃったのかな
えーどんな夢見たんですかぁ
次の時再現してくださいよ♡
もう着くよー
今日はありがとう
ございました！
また二人でお風呂
入りましょー♡
ヒロキさんのエッチ
気持ちよすぎてハマっ
ちゃいそうです♡

生きている人間に
今そばにいる
一番信用している人間に
裏切られたんだ

ドッ
ドッ
ドッ
ドッ
ふー
ふー

シャアアア
ふー

ぐぐっ

絶対に負けない

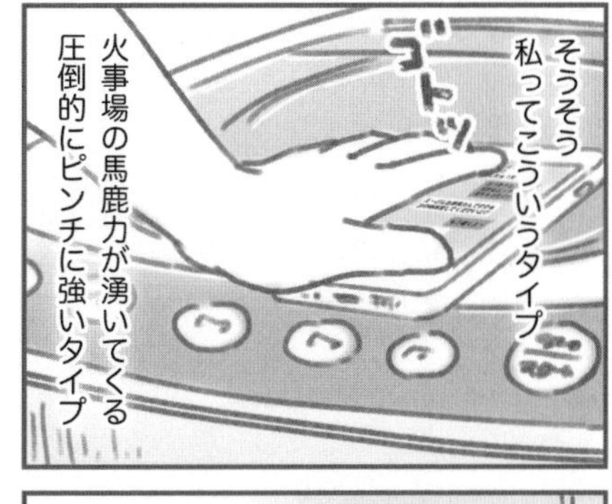
そうそう
私ってこういうタイプ
ゴトッ
火事場の馬鹿力が湧いてくる
圧倒的にピンチに強いタイプ

私はとにかく
ヒロキのことを
信用してた

優しくて
嘘がつけない
真面目な人柄
そういうところに
惹かれて
結婚を決めたんだ

さ―――て
これから
どうしてやろうか

遊びで浮気なんか
できる男じゃない
きっと
本気なんだろう
ふ〜
……

いやぁ
でもこれたぶん
離婚だよな
ヒロキの場合
本気だもんな

離婚だ!
離婚するぞ!!

そうとなったら
探偵だ!!

RRRRR
お母さん
たっ

あっお母さん？ヒロキ浮気してるわ！探偵つけたいからお金貸して！
ええ⁉ ちょっ なに急に⁉
あと探偵会社リストアップしといてくれると助かる♡

待ってミキ どういうこと⁉
バタ
バタ
あとで説明するからー！ ごめんもう仕事の時間だ！ じゃ よろしくね！

ザッ

バタンッ

ギュルルルルッ

ミキちゃーん 探偵ごっこ しよー♪
いいよー☆

子供の頃の私は
探偵とか刑事に
憧れていた
むむっ
特徴のある足跡…
そして犯行現場に
のこされたシャベル…

ミキ探偵
決定的な証拠を
つかみましたね
そうか
わかったぞ
キラーン

犯人はオマエだ――!!
え――っ
俺なんもしてねーしー!!

探偵会社の調査料が
高いということだけは
知っている
出費は
覚悟しなきゃだな…

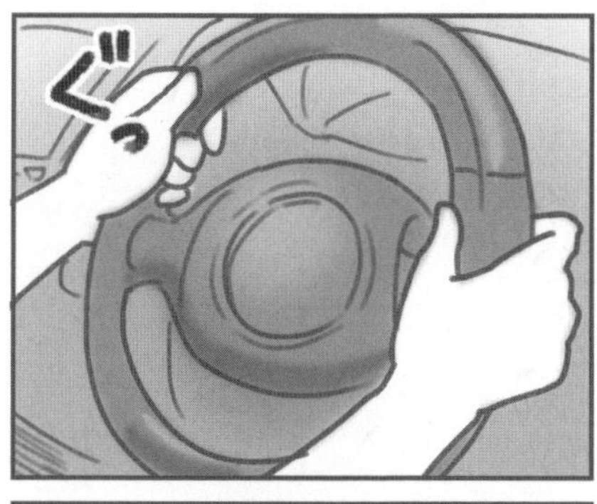
ぐっ

あ――っ!!
あ――――っ!!

ヴォオオオ
あ――っ!!

その後は
悶々としながら
仕事をこなし…

お昼休み

Oishisugi 咖喱
ずっと前から楽しみにしてたお店
クルマで行く機会があったら絶対行くって決めてたんだ

ぐ〜〜
悲しくてもつらくても腹は減る！

おまたせしました〜！

かしゅ

むぐ

……味が感じられない

めちゃくちゃ楽しみにしてたのに
紙でも食べてるみたい

おいし～♡
ガタッ

渋谷の○×探偵事務所…品川の△◇探偵事務所
それから…

実際調べてみると色々あるね

とにかく急がなきゃいけないから
今日中に何がなんでも相談にいきたい!

今日!? そんな所あるかしら
あっ ここ!

RCL探偵事務所「即日調査可能」って書いてある!
良さそうじゃない!?
RCL探偵事務所が選ばれる
7つの理由

もしもし〜!
ホント
行動が
早い子ね…
はい　そうです!
できれば今日で!
はい……はい…

18時にアポとった!

本当に
あなたの勘違い
じゃないの?
あんな人が
浮気するかしら?

お母さんからの
信頼も厚いヒロキ

そうなんだよ
だからしんどいんだよね
周りの人から見ても
しなさそうでしょ
それがしてんだもん

改めて思う

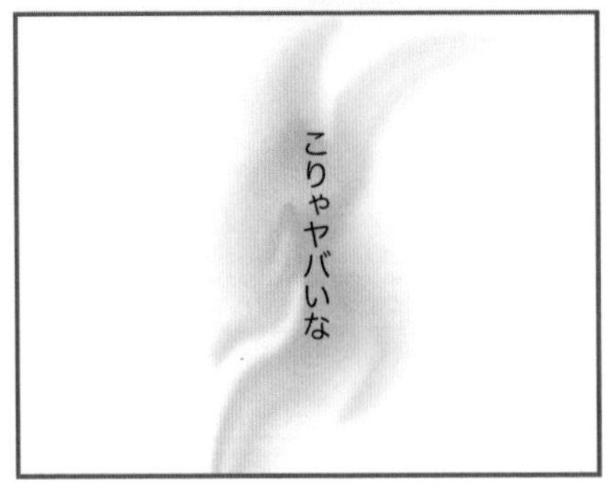
こりゃヤバいな

第3話 48時間の調査で150万円！

早速ですけど お話お伺いしても よろしいですか？
そちらに おかけになって…

は はい… 実は今日……
ガタ

仕事の取引先の 女性で…
体の関係を 持ったとわかる メッセージが…
少なくとも 3回は…

……という 状況です

なるほど… つらいですね…

クロだな 女性の勘ってのは 大体当たって るんですよ
えっ そうなんですか

女性は 小さな変化に 気づくのに 長けているんですよ

「ただいま」の 声のトーンとか
帰宅後に 風呂に直行するとか
目線を合わせて くれないとか

家で待っている
立場の人は
気づくのが早い

でも男性は
そもそも
家にいる時間が
短いので
奥さんが
浮気しても
気づくのが
遅いんですよね

気づいたときにはもう
浮気相手に
本気になっていて
手遅れ…
みたいな泥沼

あ
なるほど

うちのシステムを
簡単にご説明しますね

こういう
コースがあって
1時間あたり
4万円が基本です

基本は
1~5名の探偵が
尾行します
5人も⁉

大きなホテルで張り込みするときは7~8名の時もありますよ
HOTEL

出口が多いから押さえる場所が多いんです
役割分担をしてフロントや裏口でも待ち構えたり

対象者と同じフロアの部屋を借りて張り込んだりもしますよ
ドアの覗き窓から撮影するんです

えええええっ

街中でも怪しまれないように駐輪してある自転車カゴにカメラを仕込んだり
超望遠で撮影もできます

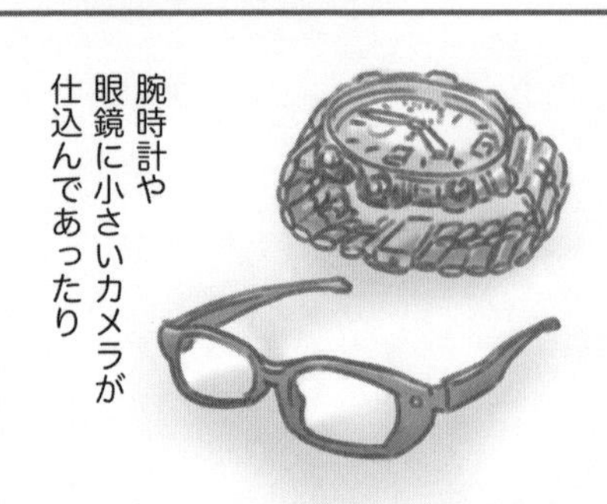
腕時計や眼鏡に小さいカメラが仕込んであったり

満員電車に乗ってる時も対象者のすぐ隣に陣取って
スマホ画面を確認したりもしますしね

パスコードを読み取る調査員もいます
すっ
すっ
スマホのロック解除ができれば証拠も取り放題!

基本は徒歩尾行
状況に応じて
車・バイク
折り畳み電動自転車等
使い分けます

探偵って言っても
普通の格好をして
町に溶け込んでますから

機材は
揃っているので
死角は無いです
すごおおおお!!

尾行しながら
着替えたり
カツラをかぶって
雰囲気を変えたりね
サッ
サッ

飲み屋で
気さくに
彼女
いるの〜?
とか話しかけて
状況を聞き出して
みたりね〜
ヒック

バレないんですか?

めっちゃ
大胆ですね!!
案外
近くにいる
もんなんだよ

ん〜
年間1000件以上
やってるので
たま〜にありますよ

対象者が同じ道をグルグル回って後ろを気にしたり…
バッ
そういう回避行動がでたらサッと引きますけどね

こうやって証拠を押さえたとしても
8割の人が修復・維持の道を選んでるんですよ

うわぁ…勘付く人もいるのか…

ええ⁉なんでですか⁉

でも裏を返せば後ろめたいことしてる自覚があるってことですよね
まぁそれはそうだよね

特に女性の相談者の場合経済力がないことが多い
そうすると今の生活を考えたときに踏みとどまる人が多いんです

ドラマの中の世界みたい…！探偵って本当にすごい！

お子さんがいる家庭なら
ATM
子供がある程度の年齢になるまでは旦那さんをATMと割り切ったり

子供の問題は
いいとして
経済力…

離婚を
決断される方は
DVや
繰り返す借金など
他にも原因があって
浮気はただの
キッカケ程度
だったりするんです

男性の浮気っていうのは
「据え膳食わぬは男の恥」
って感じで
気軽に一線を越える
ケースが多い

………

その分
修復しやすいんです
そうなんですか…

ここに相談に
来られる方って
すごく悩んで
らっしゃるから
心を
病んでしまう方も
いるんです

でも
ヒロキの場合
私は本気だと
思ってるんだけど…

ですから
RCL探偵事務所では
カウンセラーの
資格をもった者が
窓口になって
相談にのっています

顧問の法律事務所が隣接しているので
法律事務所シュヴァリエ
調査終了後に離婚調停になったときもそのまま対応しているんですよ

2時間単位でチケットのように使えて尾行できます

要は取りこぼしのないシステムってことね
すごい合理的

例えば20時間の尾行で証拠が取れれば残りは返金します
えっ返金!?お得ですね!

一ノ瀬さんにはこちらのコースがいいかもしれないですね
料金表

うーーん

48時間で150万円…!
高いのは想像してたけどやっぱりすごい金額

今回のケースは相手が仕事の取引先の女性
そして相手の家で会っているという点から…

レシート1枚だけでは証拠として弱い

一定期間 継続した肉体関係があるという状況証拠が必要になる

ホテル

まずは
証拠を押さえましょう
一緒に頑張りましょう

ボルテージは最高潮!!
ゴゴゴゴゴ

でも

万が一だけど

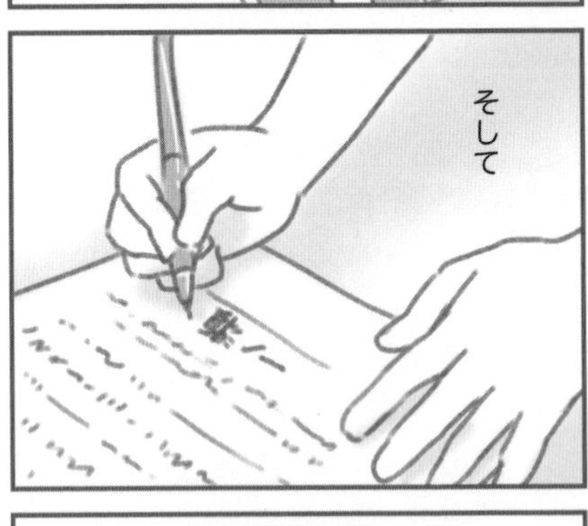
そして

浮気もう
しなかったら???

母にお金をドンと
150万円
一括で払ってもらい
150万
ドン

この150万円
どうすんの!?

第4話 いよいよ夫の尾行開始!?

私もいる時に
つけてもらいたい
ので…
水曜日の朝
近くのカフェに
朝ごはんを
食べに行きます
CAFE

その時で
いいですか？
いいですよ

じゃあ
よろしく
お願いします

いよいよ始まる…!

ご飯食べよっか
うん

探偵事務所なんて
初めて行ったわ！
すごい人たちね

でももし
一回きりの
浮気だったら
どうしよう!?
会わなかったら
困る〰〰〰!!

ドラマ
みたいだよね
もし私が
つけられたとしても
あんな機材
揃えられたら
気づけない自信あるわ

やだなに
この感情！
我ながら
おかしなこと
言ってるね!!

しかし
150万か〜！
高いよな〜！

ちょっとミキ
声が大きい…
えっ

もしこれで
浮気見つかったら
ヒロキに全部
払ってもらうし！
まー大丈夫っしょ！
払うでしょ！

完全に
無意識だったけど
かなり興奮状態
だったらしい
ドッ
ドッ
ドッ

150万円という
人生で一番高い買い物
150万
そのプレッシャーに
押しつぶされそうだった

ぷはーーっ

浮気するなよ！
絶対するなよ！
いや会えよ！
…ダチョウ倶楽部かよ!!

母がいてくれて
良かった
お金
貸してくれる人が
いて良かった

はい
これ飲んで
コト

全てを話せるのが
血の繋がった親で
良かった…

ごくっ

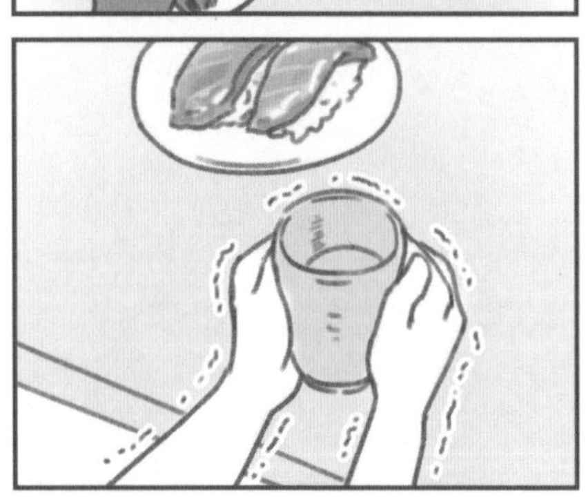

その後
仕事して
カレーを
食べたけど
味を感じられなくて

なー

お母さんに
来てもらって
探偵事務所 見つけて

ポイ

相談に行って
契約して…

今朝
浮気の証拠
ラインを見て…

数時間のこととは
思えないぐらい
目まぐるしい
一日だった

ふー…
な〜ん

ヒロキ
今日は帰ってくる？
シュポ

は帰ってくる？
ポンッ
イベントの打ち上げで
朝までコースになりそう！
ごめんね

あれ…
やっぱり
今日なのかな…
でも今朝見た
ラインでは
そんなやりとり
してなかったし…

きっと
今日は違う
今日は違う…

こういう時
涙って
出ないもん
なんだな

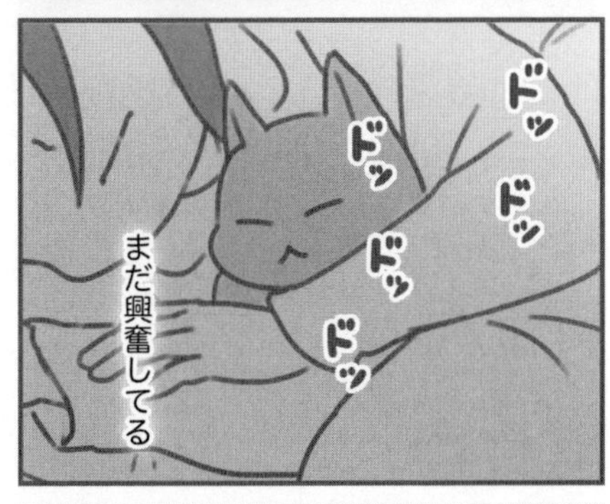

ドッ ドッ
ドッ ドッ ドッ
まだ興奮してる

『つらいなー』

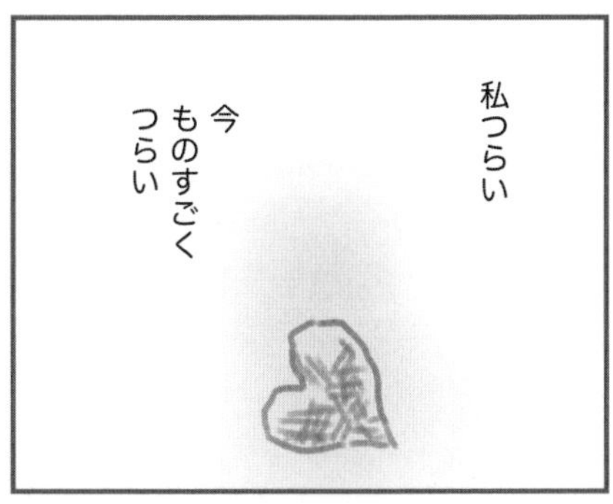

私つらい
今
ものすごく
つらい

こんなに
つらいって
正々堂々と
言っていい場合も
あるんだな

だって
誰がどう見たって
今の私は
つらいだろうし
可哀想じゃん

……
………
『かわいそう』

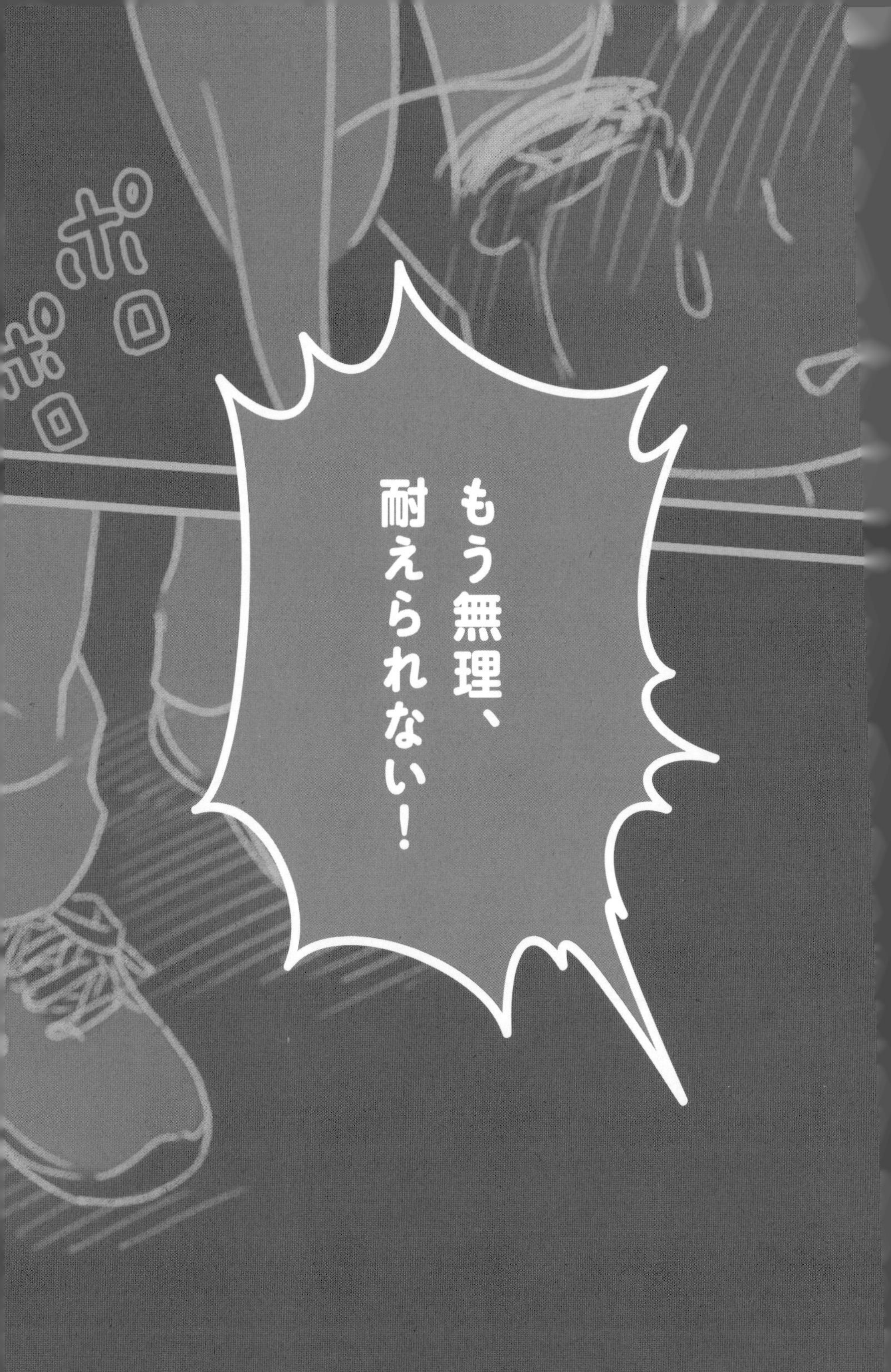
もう無理、耐えられない！
ポロポロ

第5話 2日連続で朝帰りの夫

全て嘘だとしか
思えない
もう全て

ぽん
ぽん

この人のことを
信用することは
今後ない
おかえり…

私
先に仕事
行くね
うん

シャワー
浴びてくる～

いってらっしゃい

最低…

仕事に
没頭でもしないと
耐えられない

笑ってるけど
怒りがある

飲まないと
やってられない

あの画面が
頭にこびりついて
離れない

バタン
・・・

相変わらず
味はしないけど
気はまぎれる

な～…

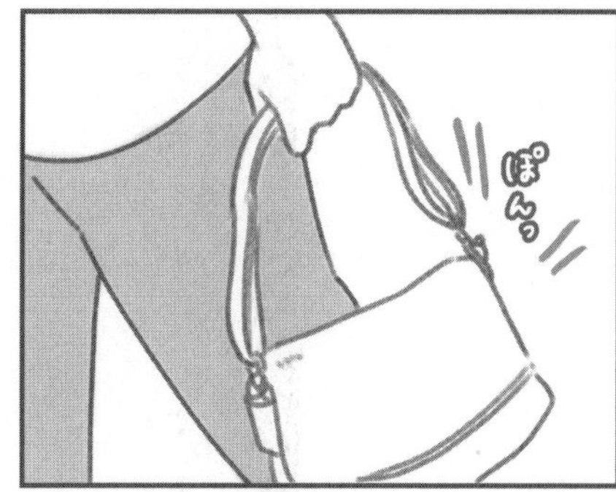
ぽんっ

ぽんっ
いいよ、行こう！
楽しみ

いらっ

ヒロキからだ
一ノ瀬ヒロキ
ヒロキ
今日は帰ってくる？
イベントの打ち上げで
朝までコースになりそう！
ごめんね
了解！
無理しないでね
ごめん
今日も帰れなくなった！
でも朝には帰るから

ぼん
「楽しみ」
…じゃねーよ!!

ごめん
今日も帰れなくなった！
でも朝には帰るから
たっ
たっ
シュポッ
わかった。
明日は何時に出社？
朝ごはん食べに
行かない？

嘘ついてんじゃねーよ
楽しみなわけないだろ

好きでもない私と朝ごはんなんか
なんにも嬉しくないだろ

勘づかれたらダメだ
遅くなっちゃってごめん！
今からシャワー浴びて着替えてすぐ出れるようにするから

翌朝

チラ

ただいま〜

カフェに行くならこの時間ギリッギリ45分前に帰宅か

おかえり
平常心…いつも通りを装わなきゃ

無理しなくていいよ

いや、行こう！
ミキちゃんと
カフェ行きたいもん！

………
シャアア

マジっすか

シャアア

今日もおいでよ～
待ってるから～
２日連続一緒にいれたね
もうウチら結婚してるも同然

シャアア
ヒロキの
スマホ…

昨日と
今日かよ
会ってたの

私が探偵事務所に行った日
仕事と飲み会で必死に気を紛らわせてた日

あーあ
この後まともな顔してご飯いけるかな
演技バレないかな

笑えないけど笑っちゃう

たっ

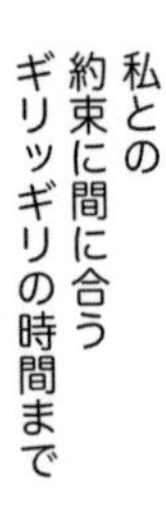
私との約束に間に合うギリッギリの時間まで
女とよろしくやってたんかい

ポンッ♪
すっ
すっ

熱いねぇ
ふざけんなよ

探偵事務所でアドバイスいただいた
証拠画面の保存方法
じーー

静止画だと
カシャカシャ
音も鳴るし
全部撮るのは
難しいでしょ
だから
トーク画面を
スクロールしながら
動画で撮影するの

あとでゆっくり
再生・停止して見て
内容を確認
すればいいから

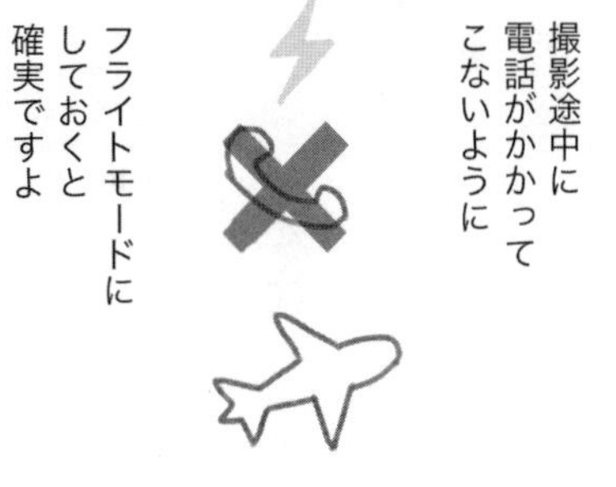
撮影途中に
電話がかかって
こないように
フライトモードに
しておくと
確実ですよ

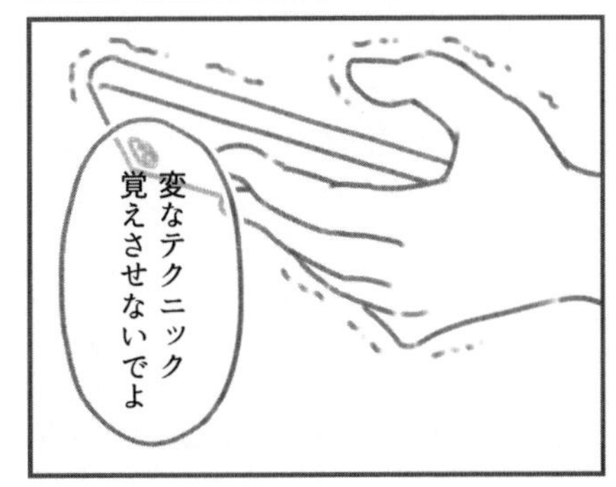
変なテクニック
覚えさせないでよ

あー

シャアアアア
そりゃ
シャワーも
浴びるわな

さすがに
セックスした
その身体で
私と朝ごはん
行く度胸
ないよね
シャアアアア

シャァァ
キレイに
洗い流してください
お願いなんで

カッ

今日は朝から
結構暑いね
うん…

ぁ
日陰の方
歩く？
サッ

ついさっきまで
他の女と
セックス
してたくせに
こういう気遣い
してくんのな

今……

探偵が後ろを
つけてるんだよね？

サッ

どうしたの？
あ　いや
虫の羽音が
聞こえたから
え！
もう蚊が
いるのかな？

やばいやばい
気になっちゃうけど
これでバレたら
おしまいだ

CAFE

2名様ですね
テーブル席が
埋まっている
のですが…
カラン
カラン
待つ？

じっ

すっ

カウンター席でもいいですか？
はい！今片付けますね

テーブル席じゃなくて良かった
目を見て話すなんて無理かも

隣に並ぶので精一杯

はい
メニューどうぞ
何にするー？

あっ
これ今月の新メニューだって！
いつも通り優しいヒロキ

はぁ〜
よそでもこの愛想振りまいてんだもんなぁ…
あれ？
これ好きじゃない？

なんでもない！
私モーニングAセットとアメリカン！

こんな日に限って
暇だな～
ぐで～
お客さん
誰も来ないし
特にやることも
ない

としん不動産
ぼ～

せめて仕事が
忙しかったら
気がまぎれるのに

なんか
ホント
つらいかも

でも今は100%の
コンディションで
対応できないから
お客さんに
迷惑かけなくて
済むか…

これまでの人生
それなりに
色々あったけど
今回ばかりは
かなりしんどい

は～

RRRRR
ピッ
増田さん

しかも…
月曜と火曜の2日連続で会ってました

はい増田です
もしもし一ノ瀬です

そうでしたか…
今が一番つらいと思うけど…頑張って

今朝初回の尾行ありがとうございました
私も確認しました

はい…

それで…明日の尾行はいらないです
LINE見たら次は土日のどっちかみたいです

JR新宿駅
東口

みきー！久しぶり！どこの店いく？

焼き鳥いこうよ
いいね！
混む前に入っちゃお！

焼き鳥屋
やきとり

かんぱーい！

おっ今日はいくねー！
ぐびぐび

ガンッ

お兄さんおかわり！
あいよー！
はやっ！

おしながき
オススメ
串盛り5本 ¥1,000
各120円
はつもと もも
ぼんじり せせり
とりかわ

友達には
まだ話せない
話したら
泣いちゃいそうだし

飲んでなきゃ
やってられないよ

何か
言われても
嫌だし

あはははは

あっ

あーし
そろそろ
終電らわ〜
え〜!
また飲もー♥

そういえば
今日はヒロキ
髪を切りに
新宿まで行くって
言ってたな

ピッ

まだ近くに
いるのかな…

くら
くら

ぽつん

一緒に帰ろう
新宿南口で
待ってる
シュポッ

ポンッ
今日一緒に帰ろう
新宿南口で待ってる
いいよ

まぁ
髪切るのは
嘘つかないか
切ってなかったら
すぐバレるし

たった
3、4日の
ことなのに
ちょっと
濃すぎでしょ

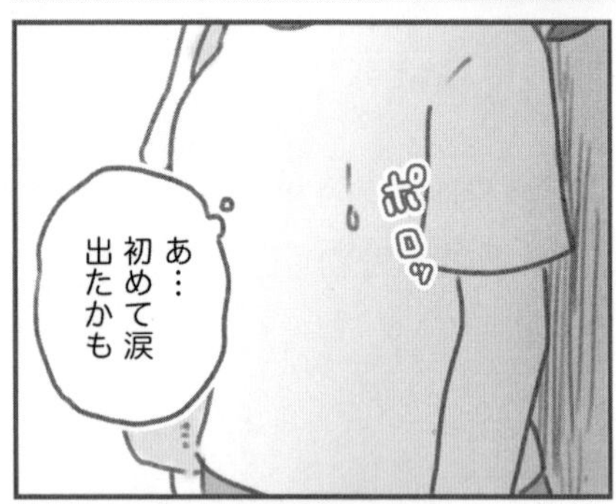

ポロッ
あ…
初めて涙
出たかも

ポロ
ポロ
あれ…
止まらない
おかしいな

こんな所で
泣いてたら
おかしいのに
ポロ
ポロ

ヒロキが来ちゃう…！

どう…したの…？

なんで泣いてるの？

は…

花岡さんの所に
行ったらいいじゃん!!
浮気してんでしょ!!

え…っ

耐えられない
耐えられない
離婚する!!

いや 待って ミキちゃん！
落ち着いて！
うるさい！

ごめん……
本当にごめん……

無理無理
無理無理
絶対ムリだから
触らないでよ！

ごめん！
本当にごめん
離婚
したくない
花岡さんのことは
本気じゃないんだよ！

今から
電話するから……！

私のスマホから
電話して
すっ

えと…
090…

……あのっ

……もう
奥さん全部
知ってて…
だからもう
会うことは
ないから…
連絡も取らないので

あ
もしもし
えっ
どちらさま
ですか?
一ノ瀬
ですけど…

あ　はい
わかりました

あ……
はい……

奥さんに
変わります

…ということなので
もう二度と連絡取ったり会ったりしないでください

…………すいませんでした

また連絡しますんで
ピッ

ふ――――っ

ふざっけんな――!!!

嘘つき！平気な顔で人を騙して!!
気持ち悪い！
ちょ 落ち着いて こんな所で…っ

ざわざわ
なんだ修羅場か～？

ブオーン

と…とりあえず
場所変えよう！

探偵雇ったし
全部知ってんだよ
バカヤロー!!
人として
最低だよ!?
よく生きて
られるよね？

ごめん
ほんっとうに
ごめん
気の迷いだった

乗って！

お客さん…
どこまで？
あっ
●丁目の
●●まで
お願いします

まだ
「花岡さんのことが
好きになった
離婚してほしい」
ならわかるよ
意味わかる

意味わかんない
んだけど
私のこと
傷つけて
花岡さんも
傷つけて

でも
「浮気はします
離婚はしたく
ありません」
って最低すぎるよね!?

なんか意味あんの？
自分の欲のために
人を傷つけて
楽しい??
自分だけ
気持ち良ければ
よかった？

はい…
ごめんなさい……

私なら
そんなことして
生きてられないよ

うー
わー

わーわーっ

はーーっ
はーーっ
言いたいことは
全て言った

はーっ
はーーっ
こんなに感情を
剥き出しにしたのは
人生初だ

ミキちゃんと
離婚したく
ないです…
ごめんなさい…

思い切って
離婚したい
こんなやつに
すがりたくない
格好悪く
なりたくない

なめないでほしい

でも
花岡さんのことは
本気じゃ
なかったんだ…

この一言はずるいよ
恨めないじゃないか

せっかく
探偵雇ったのに
耐えられなかった
もう
ワケわかんない

絶対に
約束する！

これからっ…

……

これから
連絡取るのも
会うのも
もちろん無し！
次は絶対に
離婚するからね

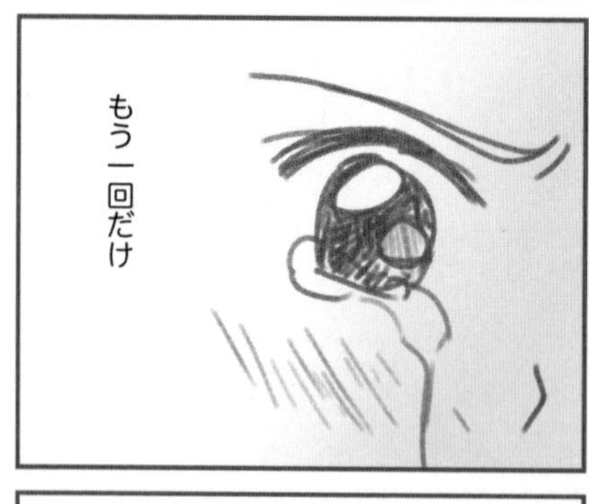
もう一回だけ

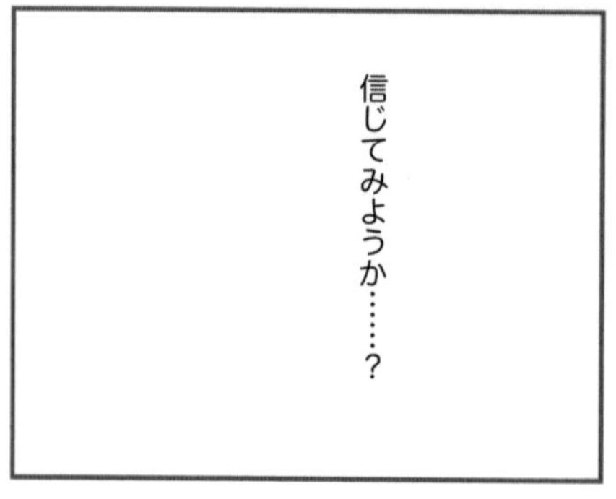
信じてみようか……？

第8話 一度浮気した男は、必ず2回目もある

私はてっきり
ヒロキは本気で
好きになってるんだと
思ってたから
離婚を想定してた
こんな展開になるとは

RCL
探偵
なるほど…

この記憶が
消えればいいのに

ミキさんの
お話を伺って
旦那さんとても
反省して
らっしゃるんだな
とは思いました

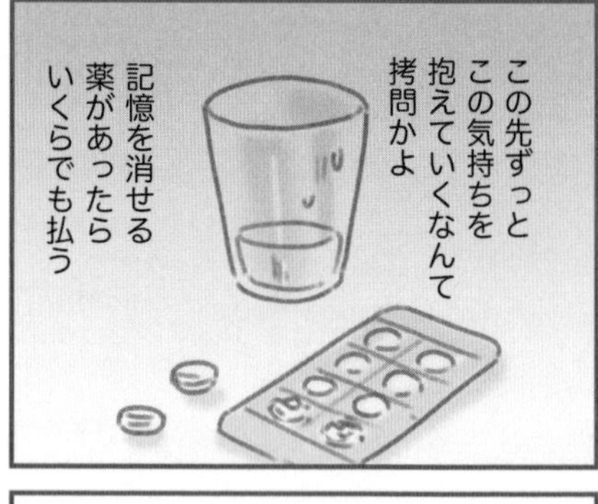
この先ずっと
この気持ちを
抱えていくなんて
拷問かよ
記憶を消せる
薬があったら
いくらでも払う

でも…
…

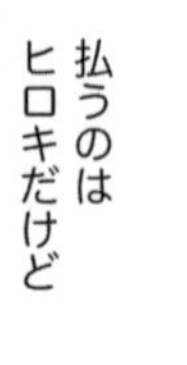
払うのは
ヒロキだけど

ごめんなさいね
私は年間
1000件以上
見てるから
分かるんですけど

1週間以内には
女から連絡がくるか
旦那さんから
連絡すると思う

ほとぼりが
冷めたら
絶対に連絡を
とるわよ

なんで…
前向きになろうと
思ってるのに
なんで
そんなこと
言うんですか

そうですか……

気持ちは
分かるけど
ごめんなさい
これは
プロの意見なのね

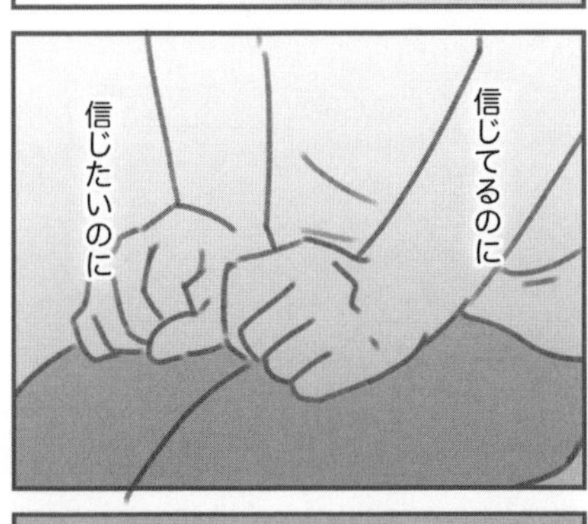
信じてるのに
信じたいのに

二人で
楽しんでたときに
急にあなたが
登場して
見つかったから
はい終わり！
って普通は
終われないものよ

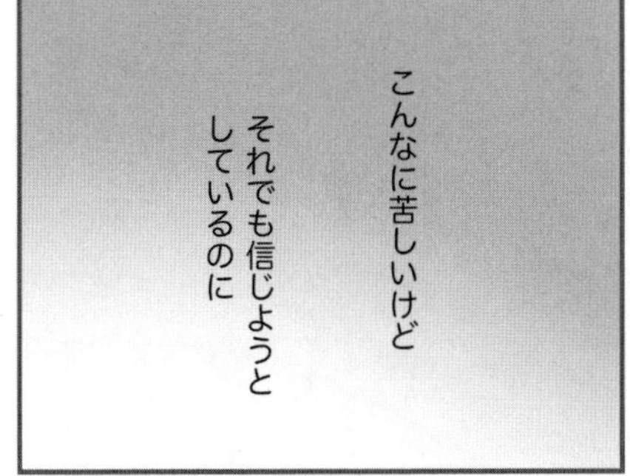
こんなに苦しいけど
それでも信じようと
しているのに

相手の女性は 訴えた方が いいわね
訴えないと 絶対に繰り返す
また連絡 取ってくるわよ
今の若い女性は 訴えられて初めて 自分の罪の重さに 気づくものなのよ
げっ
訴状
うーん…… 私はなんか
相手の女も 可哀想だなと 思うんですよね

馬鹿な うちの旦那のせいで こんな目にあって…
だから初犯で 訴訟するとかは 考えてなくて

例えば…
念書
弁護士さんに 念書みたいなのを 作っていただくのは 難しいでしょうか
いいですけど… それ
弁護士が作っても ミキさんが作っても 同じですよ

念書にサイン させるということは 不倫を認める ということになるから 有利な証拠にはなるけど
もう しませーん
法的な拘束力を 持たないから
法的な拘束力を 持つ書類は
公正証書
というんだけど

公証役場に女とミキさんの二人で行って
公証人立ち会いのもと二人で署名捺印しないといけないのね
公証人
女

わざわざ弁護士に頼む意味はないですよ
お金もかかっちゃうし

つーん
そんな面倒臭いものにサインしてくれる女いないから
公

……私は訴えた方がいいと思う
念書だって普通サインしないですからね

なるほど…**法的な拘束力**…勉強になります

プロの意見はやっぱり説得力あるな

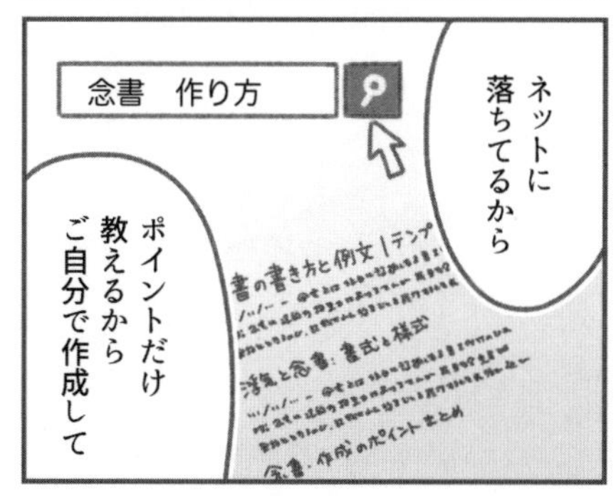
ネットに落ちてるから
念書　作り方
ポイントだけ教えるからご自分で作成して
書の書き方と例文｜テンプ
浮気と念書：書式と様式
念書・作成のポイントまとめ

傷つくしテンション下がるけど……
やっぱり一度浮気した人って2回目もするのかな

調査委任契約解除和解書

RCL(以下「甲」という)と一ノ瀬ミキ様(以下「乙」という)は、平
結した甲乙間の調査委任契約書（以下「本調査委任契約」という）
意したので、本和解書を締結しました。
ｵツは、本日をもって、本調査委任契約（探偵業の業務の適正化に
双方合意のうえ、解除するものとします。

期間	29年7月17日～29年11月30日		報告予定	
種別	□素行調査 □行方調査 □身上調査 □個人・企業信用調査 □そ			
時間	48時間		契約時	その他
			着手金	29年7月19日迄

して下記の解約手数料とさ
すが調査は入金前より開始する場合があり
時間分の調査料金￥86,400円（税込
）の合計額￥97,200円（税込）を支
している￥1,620,000円（税込）から
00円（税込）を本書面が当社に到着し
ものとします。

へ〰〰〰!
すご―― い!!
探偵のテク
すごすぎ!

探偵事務所行って
解除してきた
これ領収書
97200円
すっ

またやるだろうから
解除しない方が
いいって
言われたけど

私は信じてるから

うん
もちろん
払います

約束して
今後は絶対に
花岡さんと
個人的に連絡
取りあわないで

何か向こうからアクションがあっても全部無視して
でないと私は立ち直れない

約束する
もう絶対しません

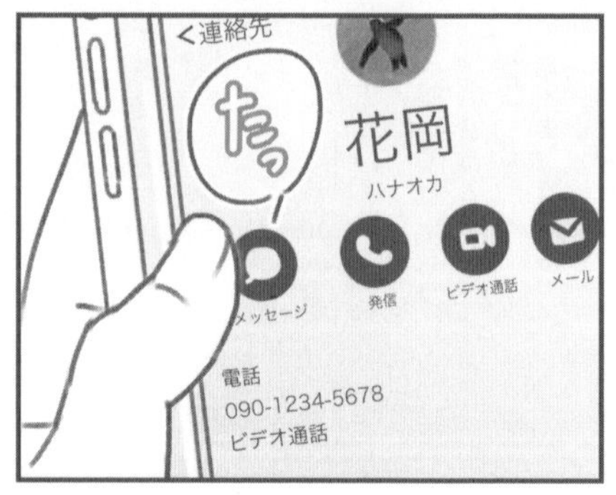
<連絡先
たっ
花岡
ハナオカ
メッセージ
発信
ビデオ通話
メール
電話
090-1234-5678
ビデオ通話

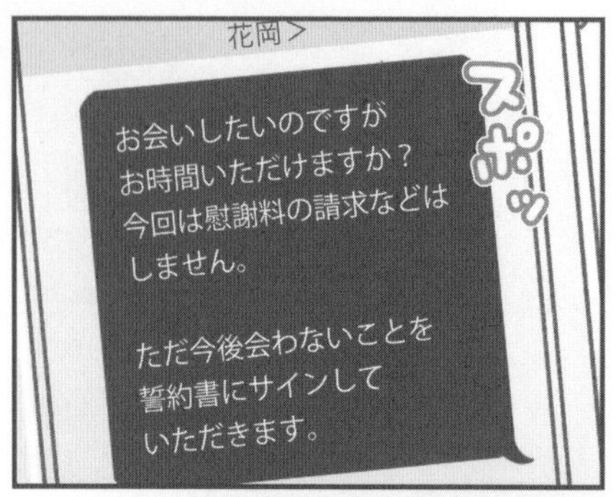
花岡 >
スポッ
お会いしたいのですが
お時間いただけますか？
今回は慰謝料の請求などはしません。
ただ今後会わないことを
誓約書にサインしていただきます。

誓約書にサインして
いただきます。
ポーン♪
はい。
すみませんでした。

お願いだから…

もう裏切らないでよ
ヒロキ

お手数ですが
切手を
お貼りください

郵便はがき

150-8482

東京都渋谷区恵比寿4-4-9
えびす大黑ビル
ワニブックス 書籍編集部

お買い求めいただいた本のタイトル

本書をお買い上げいただきまして、誠にありがとうございます。
本アンケートにお答えいただけたら幸いです。
ご返信いただいた方の中から、
抽選で毎月5名様に図書カード(1000円分)をプレゼントします。

ご住所 〒

TEL(- -)

(ふりがな)
お名前

ご職業

年齢 歳

性別 男・女

いただいたご感想を、新聞広告などに匿名で
使用してもよろしいですか? (はい・いいえ)

※ご記入いただいた「個人情報」は、許可なく他の目的で使用することはありません。
※いただいたご感想は、一部内容を改変させていただく可能性があります。

●この本をどこでお知りになりましたか?(複数回答可)

1. 書店で実物を見て　　2. 知人にすすめられて
3. テレビで観た(番組名:　　)
4. ラジオで聴いた(番組名:　　)
5. 新聞・雑誌の書評や記事(紙・誌名:　　)
6. インターネットで(具体的に:　　)
7. 新聞広告(　　新聞)　　8. その他(　　)

●購入された動機は何ですか?(複数回答可)

1. タイトルにひかれた　　2. テーマに興味をもった
3. 装丁・デザインにひかれた　　4. 広告や書評にひかれた
5. その他(　　)

●この本で特に良かったページはありますか?

[　　]

●最近気になる人や話題はありますか?

[　　]

●この本についてのご意見・ご感想をお書きください。

[　　]

以上となります。ご協力ありがとうございました。

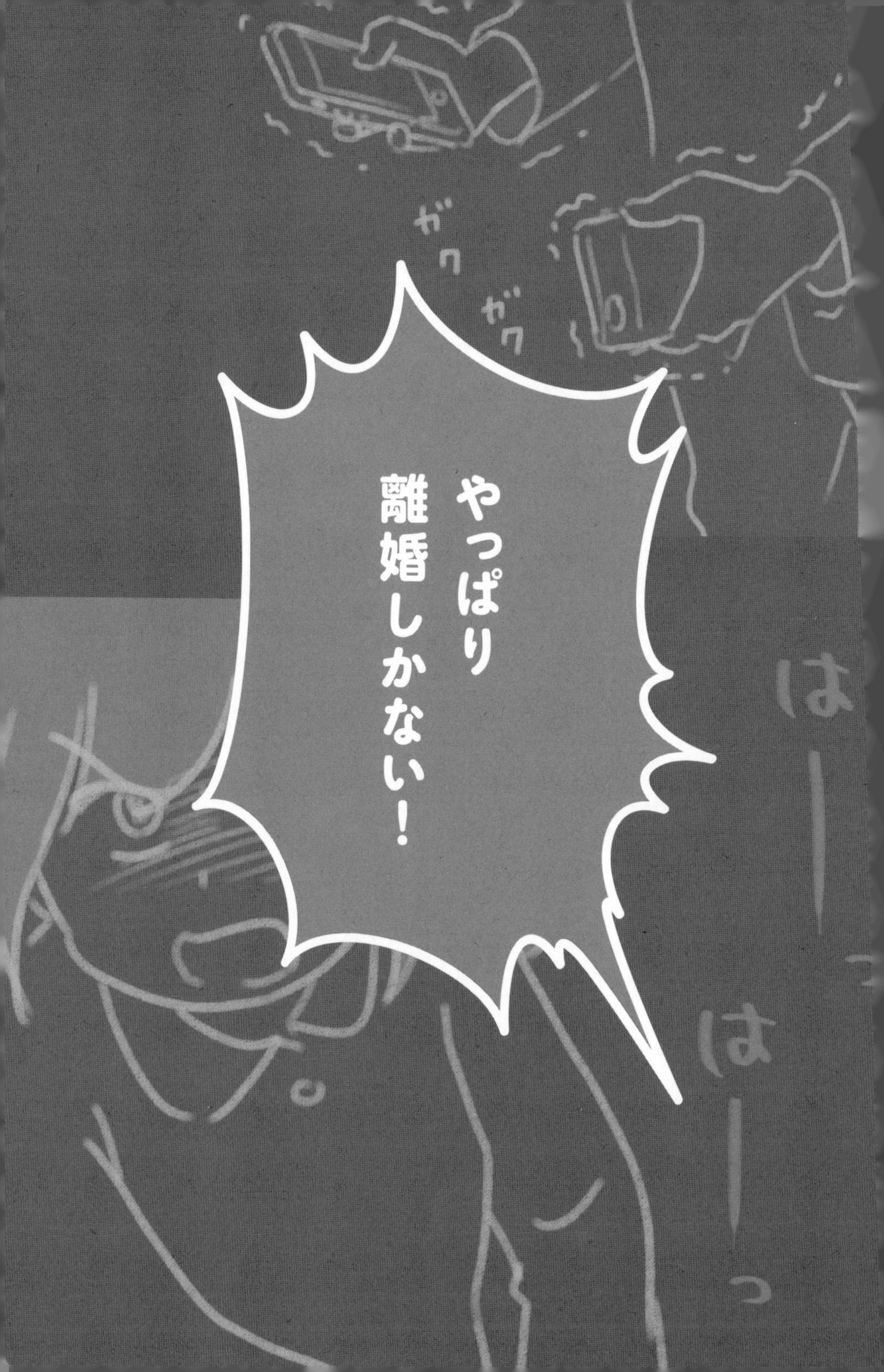
ガク
ガク
やっぱり
離婚しかない!
はーっ
はーっ

第9話 夫の浮気相手と直接交渉!

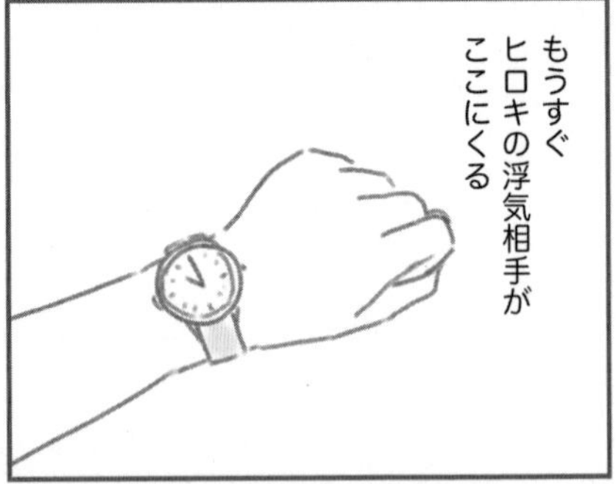

しかも
1年とか長期間
付き合ってたなら
まだしも
3回セックス
しただけでな…

まー
不運な人だなー…

えっ

ブス！
地味！
暗い！

一ノ瀬さんの
奥様ですか
はっ

はい…
一ノ瀬の妻です
どうぞ
お掛けになって
ください

この美意識
皆無の容姿は…
胸もぺたんこで
ガリガリ
肌も汚いし
全体的にカサカサ…

潤いがない…？
ぶっちゃけ
アソコが潤ってなさそう

いや
私の偏った見方も
当然あるにしても！
負のオーラやばい！

ごゆっくり
どうぞ〜

私が男なら
抱きたいとも思わない
ヒロキよく
こんなの抱けたな

…てか
こんなイケてない女に
旦那取られたんかい
私は！！

本当に
すいませんでした
はい
じゃあこれ
誓約書用意したので
ここにサイン
してください
免許証のコピー
持ってきましたか？

一人暮らし始めてから免許証更新していなくて
代わりに電気料金の請求書持ってきました
ガサガサ

…ってことはこの免許証は実家の住所？
はい

アホすぎる！
氏 花岡 良子
平成1年2月3日生
住所 四国県○○市○○町○丁目 5-4-3-210
交付 平成23年02月06日 00000
平成26年03月03日まで有効
免許の条件等
第 0000000000000000 号
平成00年00月00日
平成20年09月18日
平成00年00月00日
運転免許証
四国県公安委員会

私が実家に手紙送る可能性とか考えられないのかな
先が読めないから不倫なんてすんのか？
やっぱバカなの？

それとも逆に反省してなさすぎてこんな感じなのか？
罪の意識がないイマドキ女子なんだろうか

えっ
しかも28歳
そんな若くないじゃん!!

20代前半の怖い者知らずな女の子が
スリル味わうとか世間知らずなだけとかそういう感じでもないのね!?

まだこの年齢で不倫なんかしてんの!?

引くわ…

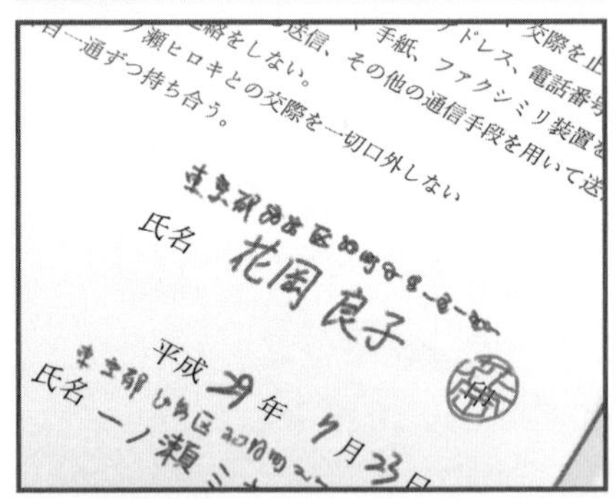
交際を止
ドレス、電話番号
手紙、ファクシミリ装置を
送信、その他の通信手段を用いて送
連絡をしない。
瀬ヒロキとの交際を一切口外しない
一通ずつ持ち合う。
氏名　花岡良子
平成　年　月
氏名　一ノ瀬

はい
ありがとうございます
じゃあこれで

そういうの
やめてもらって
いいですか？
私　払うんで

いえ
今日の件は
私のせいなので
私に払わせてください

結構です
帰ってください

……わかりました

本当にすいませんでした

CAS

はー……
menu

予想外のブスだったな
せめてもう少し美人と浮気しろよ

それにしても
この感情はなんて名付けたらいいんだ

花岡は私より女としての総合点は客観的に見ても
20点…いや30点は低い!!!
…と願いたい
でも

小柄で小動物的にかわいいとか何か女としての魅力があれば
守ってあげたい
ああヒロキは私にないポイントに惹かれたんだなって納得できるんだけど

探しても
そういう所が
一個も見当たらない
じっ
せめて女として
尊敬できる点が欲しかった

代理人来いよ
代理人頼めよ
いや代理人来たら
それはそれで怒るな

複雑ぅ…
何コレぇ…

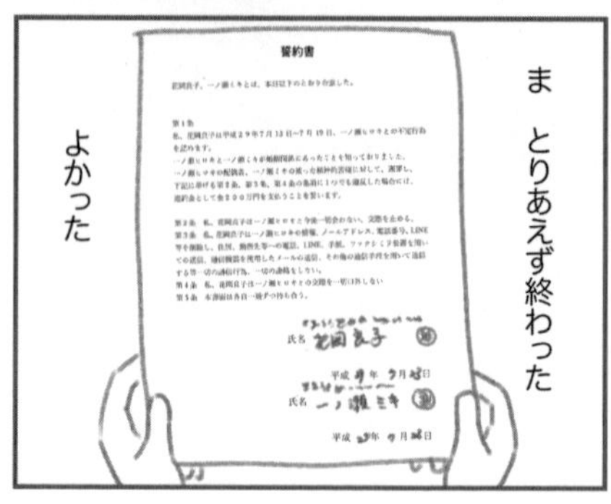
ま　とりあえず終わった
よかった
誓約書

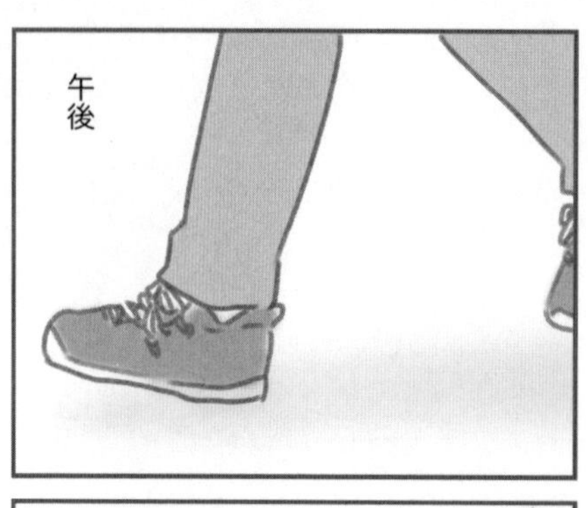
午後

この後は
元から約束してた
友達の家に遊びに行く

気分変えたい
楽しい空気に
触れたい
ピンポーン

おー!ミキ!
待ってたよー!!
入って入って!

お邪魔しまーす
あ！ミキ！
久しぶり！
久しぶり
だねー！

わっ
子供大きく
なったね！
ねー
この前はこんな
小さかったのに

おつかれ〜〜い

わいわい

ちょっとお手洗い…
一瞬子供
見てもらってもいい？
うん

あ〜

……
あいあいあい

ダメだよ～
中には
気まずくなっちゃう
書類が入ってるからね

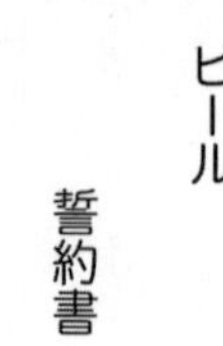
赤ちゃん
天気の良い午後
ビール
誓約書

せっかくこんなに
楽しいのに
変な空気になっちゃう

ミスマッチな瞬間
話題にだしたら
面白そうだったけど

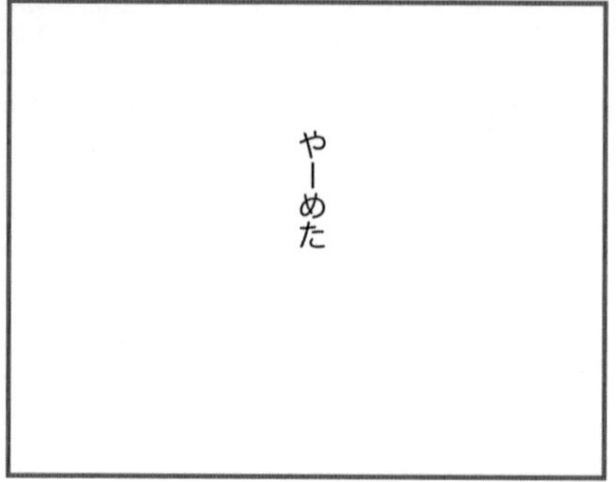
やーめた

第10話 また裏切られた

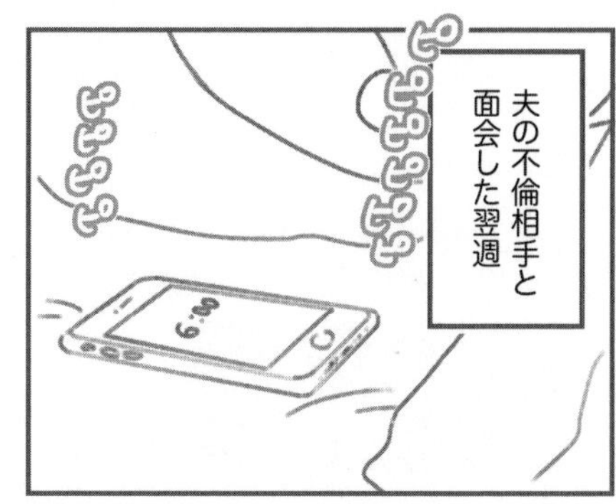

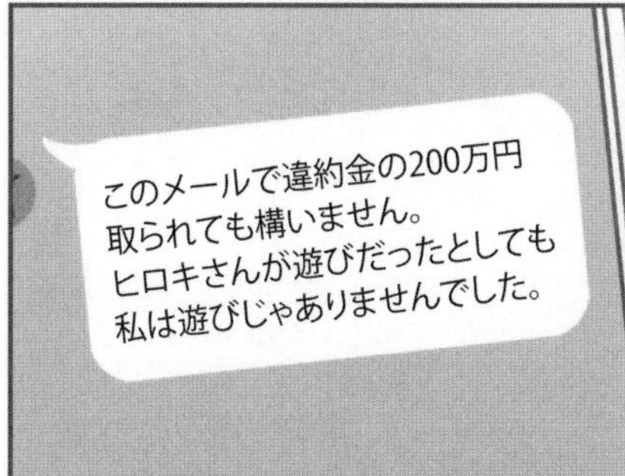

はぁ…
花岡…
やっぱり連絡
するんだな

花岡良子＞
最後に一度
会いたいです
奥さんを選ぶので
もう会うことはできません

あの時
私の前では
反省してる
感じだったのに

ん？

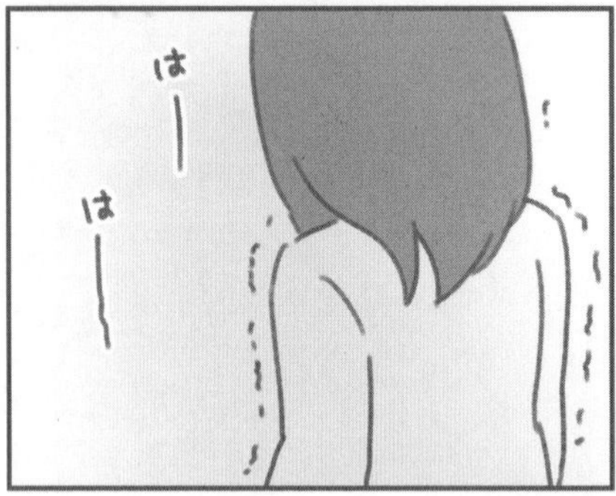
はー
はー

ショートメール…
まさか…

ガク
ガク
ガク

私は死ぬ気で
信じようって
踏ん張ってたのに

つらかったのに

また裏切られた

起きて

起きて
ん〜…？

無理だから
離婚します

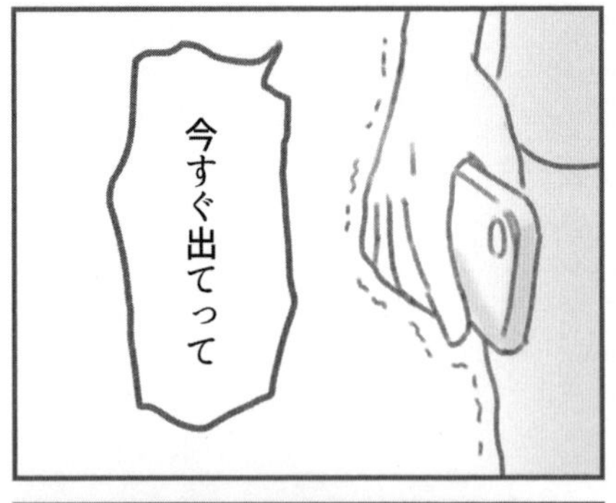
今すぐ出てって

はっ

え…？

ミキちゃん！
ごめん‼
がばっ

ごめん！
ごめん!!

ぐいっ
ぐいっ
私の前から消えて!!

ごめん!!!

バン
ポイ
ポイ
ポイ

ううん いいからそんなの
いいから早く出てって

はーっ
はーっ

ごめん！
もういいから

はーっ
はーっ

RRRRRR
たっ
たっ
花岡
iPhone に発信中…
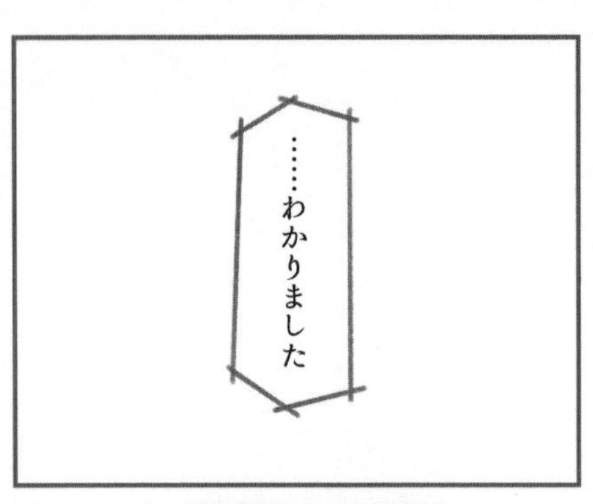
……わかりました

はい
なんなんですか？
メール見ましたよ

先日と同じ場所に
11時に来てください
はい

約束通り
違約金200万円
払ってもらいますから
今日会えますか？
お金持ってこれるだけ
持ってきてください

一度許したのに
許してあげたのに
花岡
iPhone に発信中…
たっ

払う覚悟あるって
自分で書きましたよねぇ!?

この裏切りは許せない
舐めるのも
いい加減にしてほしい

きゅっ

サッ

たっ
たっ
お義母さん
RRRR

はいはーい！
ミキちゃん？
おはよう！

おはようございます
朝からすみません
ヒロキが浮気しました
えっ……
ヒロキが…？
はい
1回許したんですが
連絡取らないと
約束したのに
また連絡取ってました
離婚します
戸籍謄本
送ってもらえないですか？

ミキちゃん
ごめんなさいね…
私が明日の朝
そっちに戸籍謄本
持っていくから
3人で話し合えない
かしら？

………
たっ
たっ
RRRR

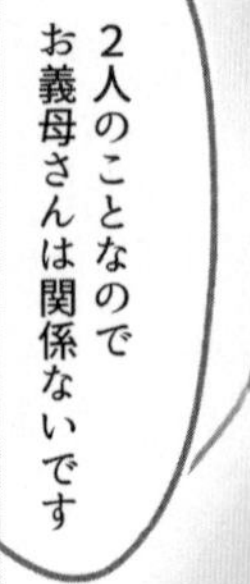
すみません
お義母さんに
謝ってもらっても…
2人のことなので
お義母さんは関係ないです

あ、お母さん？
ヒロキまたやったわ
もうダメ
今日離婚届
もらいにいくから
一緒に来てほしい
ええっ⁉
いいけど…

送っていただけないなら
今日中に私が
そちらに戸籍謄本
取りに伺います
送ってくださるんですか？
くださらないんですか？

たっ
たっ

………分かりました
今日区役所に行って
貰ったらすぐに送るわね
お願いします

増田さん！
やっぱりダメでした！
またやりました！

ん〜
そうでしたか〜
ごめんなさいね
やっぱりね…
って思います

こんなに
傷つけられたのに
私は水一杯も
ぶっかけたり
殴ったりしちゃ
いけないの？

はい
増田さんの
言った通りになって
しまいました
今日これから
相手の女と会います

冷静には
なれないと思うから
お母さまも
一緒の方がいいわね
殴ったり
水掛けたりしたら
一気に不利になるから
気をつけて

分かりました…
なんでダメなんだろう

ここまできたら
腹を括るというか

疑い続けたまま
一緒にいる方が
もしかしたら
キツかったかも

とにかく自由に
生きたいし
生きて欲しい

そうねぇ
ミキは昔から
悩むのが大嫌いな
性格だもんね

ヒロキがもう
私を好きじゃないなら
すがるような
真似だけはしたくない
我慢してまで
一緒にいてもらうなんて
反吐が出るくらい嫌

いつも
ゴールを先に見つけて
そこに向かって
突き進んでいくのが
ミキの良いところよ

離婚してよかったー!
って言えるように
私は頑張る
!?

へへっ
後のことは
離婚してから
考えよう

絶対に
負けない!!

第11話 再び浮気相手と面会する

住民戸籍課

本当にいいのね？
うん
もう決めた

離婚届
すすっ

ぞろ
ぞろ
SHIBYA CITY OFFICE

…もう12時か
休憩の職員がいっぱい

お母さんと
こんな昼間から
渋谷にいるなんて
あんまりないし
パンケーキでも
食べたくなるような
シチュエーションだけど

さすがに今日は
お買い物って気分にも
ならないし
とりあえず戻ろう

ほんと…
カウンセラーさんが
いる探偵事務所を
選んでよかった
ドキ
ドキ

お母さん
探偵事務所の
増田さん覚えてる？
ええ

～夜～

女と会う時に
冷静になれない
だろうから
お母さんも
連れてった方が
いいって
アドバイスされた

どんな顔して
くるんだろ
私は口を
挟まない方が
いいのよね
うん

相手を殴ったり
水引っ掛けると
こっちが不利に
なるんだって
そうね…
わかった

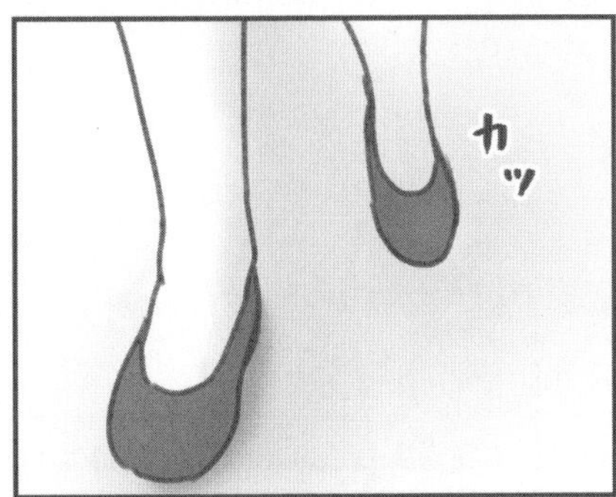
カッ

お金いくら持ってきてくれましたか？
ガタ

この前会った時と随分雰囲気が違うのね
いいよ やってやろうじゃないの

200万円はお支払いします
でも今日はお金持ってきてません

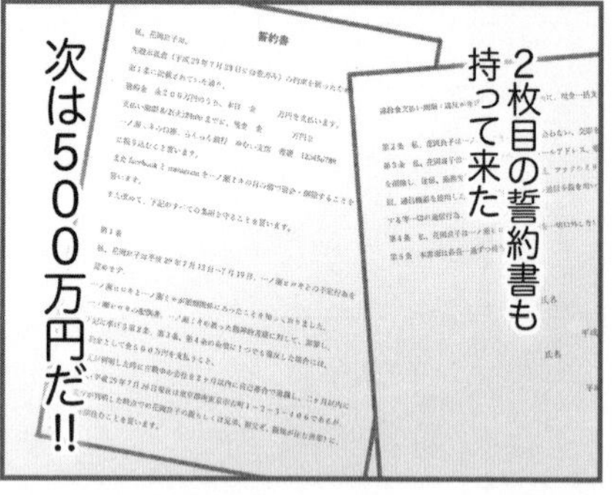
2枚目の誓約書も持って来た
次は500万円だ!!

なんでですか？反省してないってことですか？
おかしくないですか？
ヒロキにあなた言ってましたよね？200万円払っても良いって

座って
………

…すぐには用意できなくて
母親にも相談しました

え　じゃあ
ここから自宅まで
今日どうやって
帰るんですか？
電車乗るんですよね？
その電車賃は
持ってますよね？
それも払えないって
ことですか？

……………

おかしくないですか？
私だって今日すぐに
２００万持ってくるとは
思ってないですよ
でも少しでも
持ってくるのが
誠意ってもんじゃ
ないですか？

もういいです
お話にならないです
誓約書
持ってきたので
サインしてください

何しに
来たんですか？
謝ってもらいたいなんて
私言ってないですよ

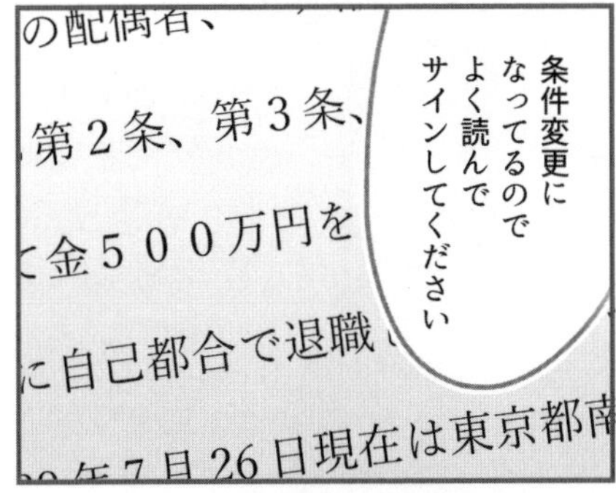
条件変更に
なってるので
よく読んで
サインしてください
の配偶者、
第２条、第３条、
金５００万円を
に自己都合で退職
7月26日現在は東京都

………
だって全く
反省してないの
よくわかりましたもん

……………

私は
とっても
不思議です

だって
不貞行為はいけないって
ずっと前から
日本の法律で
決まってることだよ
それでも良いって
覚悟があったんじゃないの？

嫌なら最初から
不倫なんか
しなきゃいいじゃん
それでも不倫したなら
自分で自分のケツ拭けよ
大人でしょ？

謝らない
お金も払わない
バンッ
誰に何の筋
通してるの？

ふいっ

30分経過
びしょ…

はあっ

分かりました
カッ

公正証書を作成！

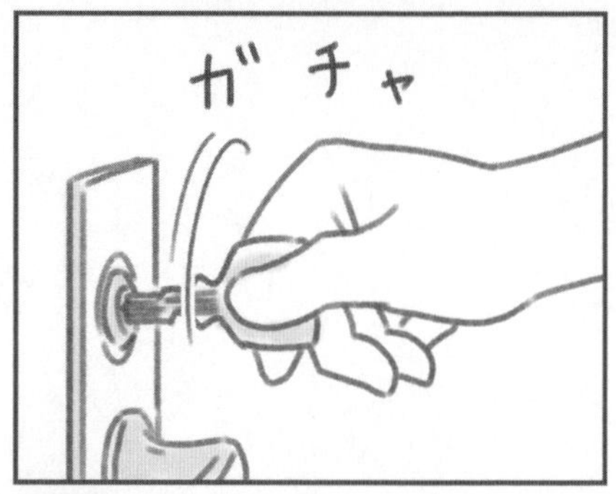
ガチャ

バターン
だっ

ガバッ
ミキちゃん!!
ごめん!!!

あ
帰ってたの…

ごめんなさい!
ごめんなさい!
本当にごめんなさい!

無理無理無理
離婚!
離婚届
持ってきたから
書いて
ゴソゴソ

本当にそんな
つもりはなくて!
ちゃんと別れを
言おうと思ったんだ!

別れるための
メールだったんだ!
うんうん
そうかそうか

それだったら
連絡が来た時点で
私に返事してもいい？
って聞くべき
だったんじゃないの？

1週間
死ぬ思いで
生きてきたんだよ

どうか連絡
取りませんように
二度と私のことを
裏切りませんように

その思いを簡単に
踏みにじってくれて
どうもありがとう
これ以上
傷つきたくない

離婚する
もう決めた

ごめん！
俺の認識が
甘かった！
コソコソする
つもりもなかった！

知らないよ
そんなの

これ以上
惨めになるのは嫌だから
絶対に
すがりたくない
みっともない真似
だけはしたくない

誰になんと
言われようと
思われようと
どうでもいい

離婚
してください

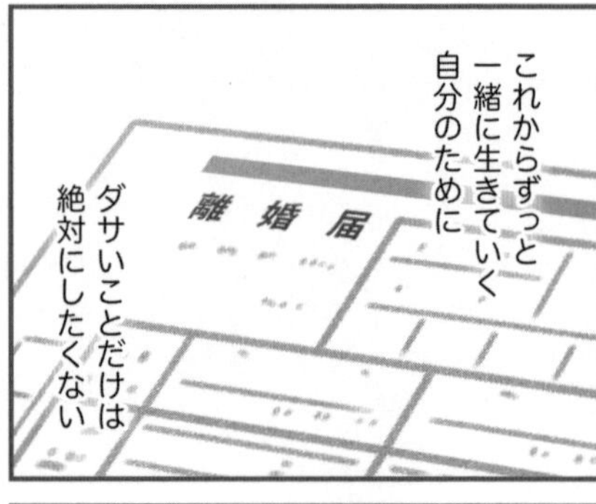
これからずっと
一緒に生きていく
自分のために
ダサいことだけは
絶対にしたくない
離婚届

本当に
そんなつもりじゃ
なかったんだ！
ごめんなさい…！
俺はミキちゃんと
一緒に生きていきたい

よく頑張った
カッコ良かったぞって
せめて自分だけは
自分を褒めて
あげられるように

明日お義母さんが
住民票持ってきて
くれるっていうから
それで離婚届
提出します
だから書いて

今は無になるだけ

本当にごめん
本当に好きなのは
ミキちゃんだけで
魔がさしたんだ
本当に

でも絶対に離婚したくない
ミキちゃんとずっと一緒にいたい

本当に！
ごめんなさい!!!

もういいから…離婚しよ
待ってよ！お願いだから！一生償う！ごめんなさい!!

謝んなくていいから離婚
ごめんなさい！ごめんなさい！

いやいや無いよ
無い
もう私は離婚するって決めてるの

イラ
イラ

ごめんなさい!!
ごめんなさい!!!

本当に好きなのはミキちゃんだけなんだ!!!

ごめんなさい!
ごめんなさい!!

ごめんなさい
ごめんなさい

ごめんなさい!!

んなさい
ごめんな

ごめんなさ
もう何時間も
謝罪と拒否の平行線…

マジ…
なの…か?

ごめんな

え、でも…
また騙されたら
どうする?
浮気されたら?

ごめんなさい
ごめんなさい
また信じて
裏切られたら…
どうする？

……わかった
!!

でも
もう信じない
信じられない
ヒロキの口から
出る言葉は
一つも信じられない

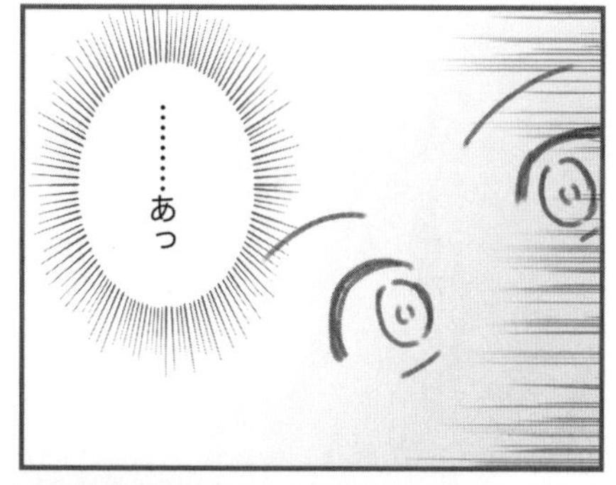
………あっ

私が信じられるのは
態度と行動だけ

ごめんなさいっっっ!!!

とりあえず
離婚届書いて

離婚届

書いてもらったら
私はそれを
預かっておく
すぐには
出さないよ

私がまた
信じられない
もう一緒に
いたくないって
思ったら
すぐにその
離婚届を提出する

で、
【離婚したら私に
3000万円の
慰謝料払う】
そういう書類に
サインして

ただの
約束じゃない
法的拘束力がある
公正証書
法

一緒に
公証役場に行って
サインして
それなら
離婚しなくてもいい

この条件を飲んで
離婚しないか？
それとも今すぐ
慰謝料無しで
離婚するか

どっちがいい？

その条件のむ！
サインする！
だから絶対
離婚したくない！

サインする！
それが俺の
誠意だから!!

えっっっ!!!

!!

ねぇ
意味わかってる？
マジで払わされる
やつだよ
公正証書だから！
本当に
差し押さえ
られるんだよ！
大丈夫？

まさか……

絶対に
逃げられない
やつだよ…

オッケーするとは…

第13話 3000万円の公正証書を作る

えっ
こういうのは
すぐ離婚届を
出す前提で
約束作るんだよね

うーん……

一生とは
言わないので
期限決めてもいいので
できないですかね？
3年とか…

じゃぁ…
2年でいこう

いや
3年は無理だよ

じゃあ
2年は？

旦那さん
本当に
いいんですか？

大丈夫です

頭金５００万円で
そのあと月に
10万円以上ずつ
支払いとか
どうでしょうか

いや大丈夫じゃ
ないだろ
てか３０００万円
どこにあんだよ

どうです？
旦那さん
大丈夫ですか？

支払い方法は
どうしますか？

大丈夫です！

そんなの
決められるのね
んー…
じゃぁ…

いや
大丈夫なのかよ⁉

20年と10ヶ月
ですよ？
たん
たんっ
はい

こうすることが
僕の気持ちの
証明だかから…

これから
資料作るから
できあがったら
連絡しますね

渋谷公証役場
それから2週間後

公正証書
作成しました
内容をもう一度
確認してください

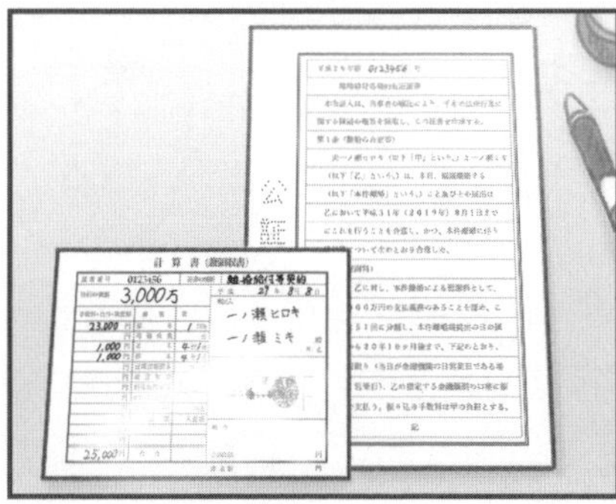

……

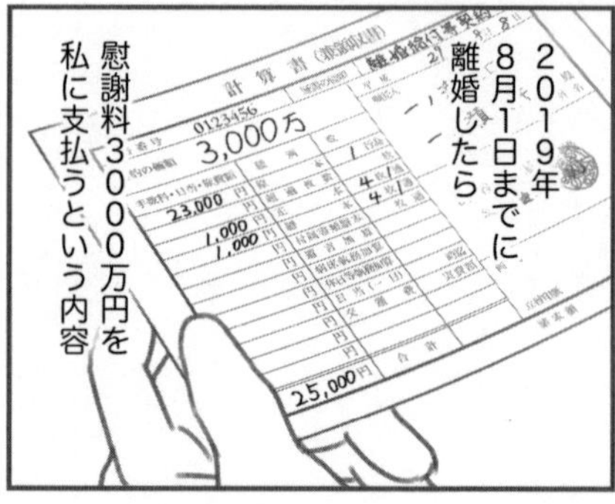
2019年8月1日までに離婚したら
慰謝料3000万円を私に支払うという内容
計算書
0123456
3,000万
23,000
1,000
1,000
25,000

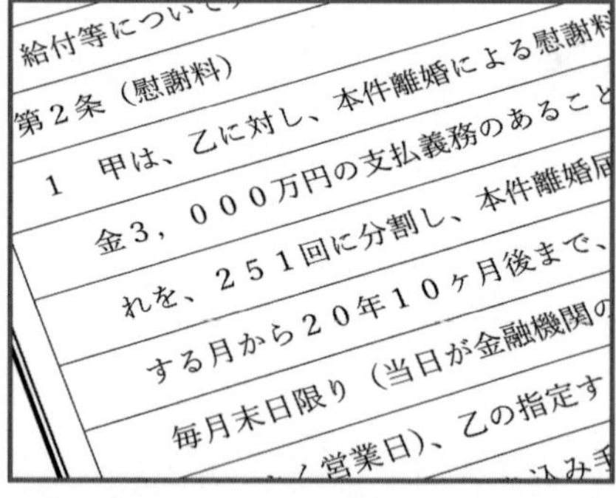
給付等について
第2条（慰謝料）
1　甲は、乙に対し、本件離婚による慰謝料
支払義務のあること
金3，000万円の支払義務のあること
れを、251回に分割し、本件離婚届
する月から20年10ヶ月後まで、
毎月末日限り（当日が金融機関の
営業日）、乙の指定す

わぁ…
サラ
サラ

よく二人で話し合って
納得してからサインと捺印ね

すっ

確かにここまで
してくれた

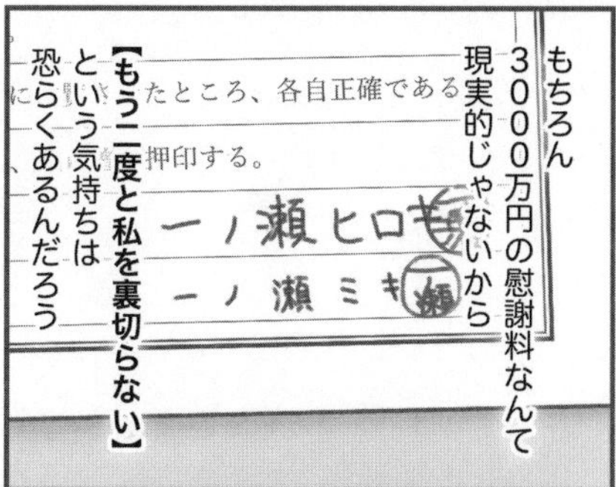
もちろん
3000万円の慰謝料なんて
現実的じゃないから
たところ、各自正確である
押印する。
一ノ瀬ヒロキ
一ノ瀬ミキ
【もう二度と私を裏切らない】
という気持ちは
恐らくあるんだろう

てか
そうじゃなかったら
これに印鑑押すって
相当ヤバい

少し心が落ち着いた

最悪
離婚になっても
私には
3000万円がある！

3000万円あれば
新しい人生
始められる！
がんばれ!!
わたし!!!

教えて!

一度浮気した男は、必ず次も浮気するもの?

「一度浮気した男を信じてもいいのか」……難しいテーマですね(笑)。

正直、今は「信じてもいい!」とも思ってないし「信じられない!」とも思ってません。

もちろん、浮気された直後は、自分に1000回くらい問いかけました。周りの人の「疑ったり、不安になったりしないの?」という悪魔の言葉に何回も惑わされ、かつ自分でも自分自身に同じように呪いをかけてました。

でも結局、自分がどうしたいか、どういう人生を歩んでいきたいのか、が大事。

一生恨みながら、一生グジグジ言いながら、"過去の1回の浮気"を人質にして一緒にいることもできるけど、なんかそれって健康じゃないし、ダサいですよね。

いまの私は「なんとなーくは信じているし、仮にまた浮気されたとしても本気じゃない限り気にしない!」って感じです。

あとは、浮気とはなんぞやというものを体験するためにも、本当に軽い浮気をしてみるのもおすすめです!

「結婚してから、男の子と2人でご飯なんか行ってなーい」という人は、今はやりのアプリでマッチングした人と30分お茶して、夫の浮気をグチって、手だけつないでもらって、キスくらいしてもバチは当たらないと思います(笑)。

久しぶりだから3日間くらいは浮かれて興奮するかもしれませんが、1週間後くらいには本当にどうでもよくなって、「これが浮気か! たいしたことないじゃん!」ってなります。

これが手っ取り早く地獄ループから抜け出せる荒療治かもしれません。

Part 2

離婚する？
しない？

浮気が発覚したら、別れる？ 別れない？

まず考えておきたいのが
別れるか、別れないかの選択。

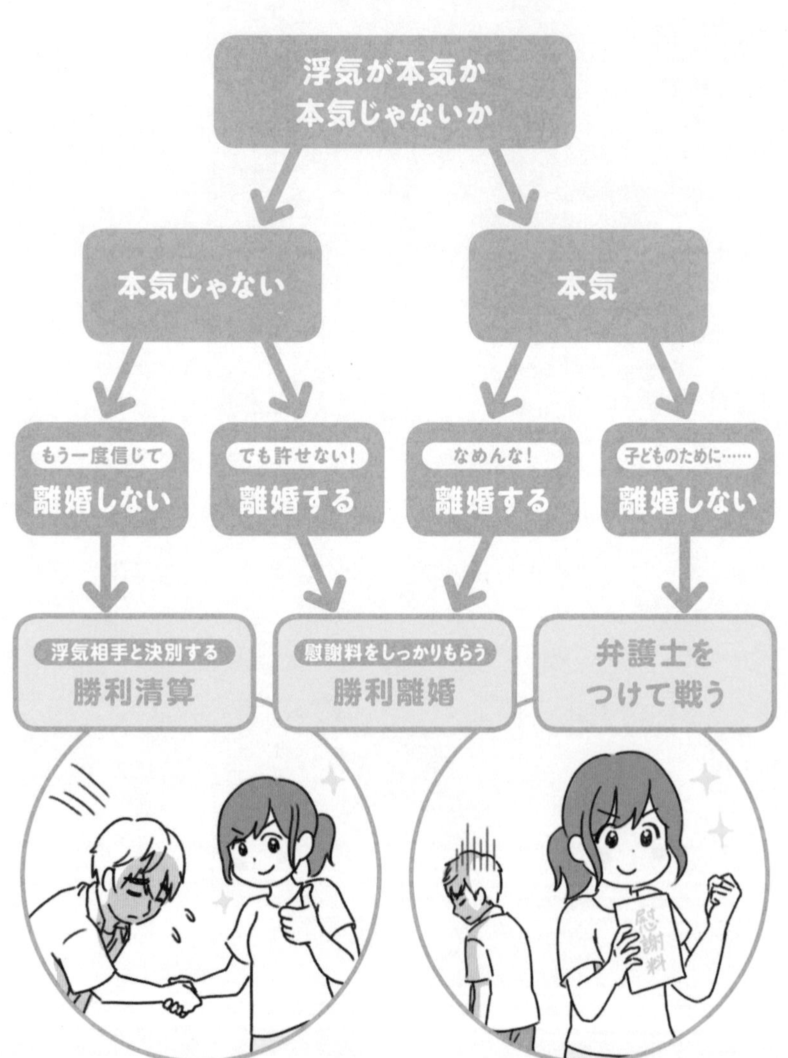

お金も賢くスマートにもらおう！

完全勝利離婚コース ➡P.128

浮気をした夫なんていらない！ もう一緒に暮らしたくない……など、「どうしても離婚しかない」という結論に達した場合。

信じていた人に裏切られ、幸せな生活や未来の夢を壊された被害者なのですから、自分の受けた精神的なダメージをできるだけ相手にそのままお返しし、金銭面でも最大限の補償を受けられる形で離婚しましょう！ 不倫の証拠を残さず集め、全面的に相手が悪い、と立証することが大切です。法的、精神的に追い詰め、不倫の罪悪を突きつけましょう。

徹底的にやりつくすことで未練は残さず、**スッキリ爽快に離婚する**のです。のちのちネタになるくらいまでやりつくし、とっとと全速力で前に進みましょう！

Point > ネタになるまでとことんやりきろう！

許した上で一緒にいよう

完全勝利清算コース ➡P.130

いろいろ考えた上で、離婚しないと決めた場合。一時的な火遊びで彼も反省している、自分が専業主婦である、子どもがいるなど、今すぐに離婚するのが難しい場合です。彼を嫌いになりきれない気持ちが理由になっていることもあるでしょう。

これからも人生を共にしていくなら、中途半端なわだかまりを残さないで。もちろん、関係を続けたり、また浮気を繰り返したりしないように、相手の女性とは金銭的な賠償をつけて、きっちりと誓約してもらいます。心を大きく傷つけられたのですから、夫には具体的な形でペナルティを課しましょう。

大切なのは、完全に非を認めさせ、反省してもらうこと。

その上でこちらも**完全に本当に許す**ことです。

許した後でネチネチ言わないためにも、夫に具体的にやってほしいことを要求し、やってもらったからには絶対に許してくださいね。これを二人で経験することで、より強い絆が生まれるかもしれません。

Point > 本当の意味で許すこと

自分の気持ちを整理する

まず一番に大切にすべきは自分の気持ちです。
じっくり考えてみましょう。

理想はどんなゴール?

例:浮気相手に金銭的な賠償をしてもらい、夫にも公正証書を書かせる

多分、こうなってしまうと想定されるゴール

例:口約束や反省文だけでは、きっと3年後くらいにまた浮気される

まあまあ納得のいくゴール

例:浮気相手に賠償責任を課す。夫には何かペナルティを課す

何が一番許せない？

例：浮気うんぬんより、家庭を軽んじるメンタル

夫にどうしてほしい？

例：人を裏切り、傷つけた加害者であることを認め、心から反省して謝ってほしい

「完全勝利離婚」のメリット＆デメリット

例：不信感・不安感に悩まされなくてすむ

「完全勝利清算」のメリット＆デメリット

例：夫の愛を再確認することができる

MIKI's Advice!

浮気されたからって、「自分が悪い」なんて思っちゃダメだよ。悪いのは1億％相手！「私に不満があったのかも」って？ だったら浮気の前にまず話し合いだよね。だから絶対にこれ以上、自分で自分を傷つけないで！

夫の浮気本当に許せない!?

許せないのか、許して同居していけるか冷静になって考えて

浮気がわかったときは、目の前が真っ青、いや真っ白！ その後にマグマのようにわいてくる憎悪と、走馬灯のように駆け巡る「えっ、あれもウソ?」「これもウソ?」という不信感、そして親戚全員が一度に死んでしまったかのような悲しみ。なんでしょう、この感情のフルコース。そのうち、「許せない、絶対許さない、離婚だー!!」となります。

でも、ちょっと待って。離婚が本当にベストな選択なのか、冷静になって考えてみて。子どもが3人いて、専業主婦で、気づけば10年仕事をしていない！ いや、契約社員で仕事はしているけど、子どもはまだ小学生で手がかかるし、私のお給料だけで生活は厳しい。何より、子どもの父親がいなくなっちゃう……。いろいろ事情はありますよね。

浮気は絶対に許せないこと。でも、**夫のたった一回の浮気に、そこまで大きな代償を払う必要があるのかどうか、まずは自分の心に聞いてみて。**夫の本質や、今後同じことを繰り返さないかどうかを考えてみましょう。もちろん、「絶対にムリ」という結論もあり得ます。後で後悔しないためにも、許すか許さないかを自分で決めることが大切！

相手の態度で決めるのは危険！

夫と話し合う前に、夫の態度、反省具合によって自分がどうするのか、着地点を決めておきましょう。そうでないと、相手のペースに巻き込まれて、自分の望まない方向に話が進んでしまう可能性あり！！

夫の態度に応じた結論を自分で決めておく

まったく謝ってこなかったら	80%で謝ってきたら	全力で謝ってきたら
離婚する	離婚はしないけど **制裁する**	**物で許す**
➡ P.128	➡ P.130	➡ P.136
	例：公正証書	例：指輪やバッグを買ってもらう

MIKI's Advice!

毅然とした態度をとることが大事！ そうでないと「さすがに離婚はナイっしょ」と甘く見られて、ズルズルと関係を続けさせることにもなりかねません。「なめたらアカン。2回目はないよ！」を身体で覚えさせよう！

1-B

離婚する場合

慰謝料にプラスして、生活に困らないように万全の対策を。専業主婦なら、経済的に自立してお金を貯めておこう

離婚を決めたなら、できるだけ高い慰謝料をもらい、有利な条件での離婚を目指したいもの。完全に相手に非があることを証明するため、証拠を集めましょう。

不倫の定義は、一定期間の肉体関係があること。つまり、1回の浮気は不貞行為にならないんです！「ラブホテルに入る写真＋領収書＋メールやラインの写真」というように、肉体関係を証明する具体的な証拠を複数集める必要があります。

不倫は民法では「配偶者の権利を侵害」する不法行為にあたり、損害賠償（慰謝料）を請求することができます。金額は結婚年数や、不倫の期間、子どもの有無など、さまざまな状況が勘案されますが、多くてもたったの300万円程度（これはあくまで、双方に弁護士がついて裁判になった場合。二人きりの話し合いであれば金額は無限！）。

たったの300万円をもらって今すぐ別れますか？

すぐに離婚してしまわず、3年間がまんをして、職探し＆貯金を。損害賠償請求の期限は不倫発覚後3年以内（不倫が原因の離婚の場合は離婚後3年）です。

完全勝利離婚を目指す！

傷ついた心を癒すために、慰謝料をもらうのは当然！ 証拠を集めて、がっちり全額受け取りましょう。また、専業主婦の場合は離婚後も生活していけるよう、経済力をつけておきましょう。

妻に経済力がない場合は

まず職探しを。貯金するなど準備ができてから離婚へ

妻に経済力がある場合は

証拠が集まったら離婚へ

MIKI's Advice!

夫の給料から、こっそりへそくりをするのも手。ただし銀行に預けるなど、証拠が残るものはNG。タンス貯金にして。これは探偵さんから聞いたきわどい裏ワザですが、例えば「夫婦関係がうまくいかず、ストレスからパチンコ通いをした」という架空の日記をつけて、消費した証拠をつくっておき、こっそり裏でためておくのもオススメだそうです。

1-C

離婚しない場合

不倫は中毒、口約束だけでは止められない。法の力で関係を断ち切り、自分の気持ちも完全清算！

離婚せずに夫と暮らしていくと決めたなら、まずは当然ですが、夫と不倫相手との関係を完全に断ち切りましょう。この場合、夫に言葉で約束させるだけでは、関係を終わらせることはできません。なぜなら、**不倫というのは一種の中毒のようなものだから。スモーカーがタバコをやめられないのと同じで、悪いとわかっていても会わずにはいられません。**そのため、夫と不倫相手の双方を法的に縛って、約束させる必要があります。

そこで役立つのが、示談書や公正証書！　これらを有効的に使って、不倫を繰り返したときには高額な賠償が発生するワナを仕掛けておきましょう！　ひとつには、不倫を繰り返さないため。また、後々弁護士を立てての話し合いや裁判に進展してしまったときも、示談書や公正証書が法的な根拠になり、賠償金を請求することができます。

このようにセーフティネットができたら、後は自分の気持ちをスッキリと清算することが大切です。そのために、彼ととことん話し合う、自分の心を振り返るなど、彼を許してやり直す方法を探していきましょう。

完全勝利清算に必要な書類

地道に1枚1枚、書類を集めるのが大事！ 取り決め事項は口約束ではなく、書類にして残しておきましょう。不倫を繰り返させないための精神的な枷(かせ)になるほか、後々にトラブルになったときに、有力な証拠となります。

まずは自分でも作れる **示談書** 合意書、和解書、契約書などともいわれます ➡ P.171

紛争事案を当事者同士で解決する際、示談内容を書面にしておくもので、ここでは、自分と不倫相手、あるいは夫をまじえた三者で取り交わす書類。「二度と会いません。もし違約した場合、○万円をお支払いします」などの取り決め内容を記し、署名捺印します。示談書に法的な拘束力はありませんが、書面にすることで、後々裁判になっても**証拠のひとつとして効力を発揮**します。示談書を交わすことで、「不倫をした」という事実が確定され、違約した場合は慰謝料の話から始められるのが利点です。示談書は弁護士が作っても、自分で作っても効力は一緒。自分で作りましょう！

可能であれば **公正証書** ➡ 公証役場で作ってもらう！

上記の示談書など、契約内容を公証人に証明してもらうもの。示談書と違い、法的な拘束力があり、もし支払いが滞った場合は、給与や口座の差し押さえといった**「強制執行」の申し立てを裁判なしで行う**ことができます。書面も公証人が関わって厳正に作成し、後で裁判になっても、内容が無効になることはまずありません。ただし、公正証書を作成するには、約束を交わす二人が公証役場に足を運び、署名捺印することが必須。また、契約の内容や金額に応じた公証人手数料に加えて、書類の作成・送付にかかる費用が必要です。手数料の目安は、100万円以下で5000円、100万円超～200万円で7000円、200万円超～500万円で11000円。

MIKI's
Advice!

私の場合、「離婚したら、夫は私に慰謝料3000万円を払う」ことを公正証書にしたよ！ 後から聞くと、書かないと本当に離婚するだろうから、仕方がないと腹をくくったそうです。なかなか公正証書にサインしてくれる男の人はいないと思いますが、チャレンジもありだと思います。

2

夫のタイプを見極める

\100%謝罪する/ ヒロキタイプ

DATA
罪悪感
💧💧💧
がまん強さ
💧💧💧
ほかの女にも優しい
💧💧💧

全力で謝ってくるけど流されやすいので要注意

「離婚する」のひと言にオロオロして平謝り。しまいには土下座……。不倫相手ともすぐに別れると口では約束します。ただ押しに弱いので、逆らえず連絡を取ったり、会ったりということになりかねません。一度は許しても、しっかり手綱を握っておくのが肝心。

くちぐせ
- そんなつもりじゃなくて
- 君の好きなほうでいいよ

MIKI's
Advice!

離婚するorしないを決めるのに、
夫のタイプを見極めておきましょう。

\ 80% 謝罪する /

エセフェミニストタイプ

DATA
罪悪感
がまん強さ
浮気を繰り返す

「俺が100%悪いから」と不倫相手をかばう

謝りながらも、不倫相手をかばって連絡先も教えず、不倫発覚も相手に知らせまいと必死。これは完全に妻をナメている態度。女の前でいい格好をしたいという欲求が強いので、また繰り返す可能性大です。「次はない」ことをかなり強く知らしめておく必要があります。

くちぐせ
- これは夫婦の問題だから、2人だけで話し合おう
- これ以上、俺のせいでまわりを傷つけたくない

夫のタイプを見極める

＼60%謝罪する／

さり気に不満を言うタイプ

DATA

罪悪感 ●○○

不満度 ●●○

嫁のグチを周りに言う ●●●

口では謝りながらも、反省の心はゼロ

不倫をなじると、「他人のスマホ覗くって人としてどうよ」などと、こちらを責めてきます。あげくはふだんからの不満をぶつけてきて、「おまえがそんなだから、不倫しても当然だろ」と人のせいに。こういう利己的で幼稚な人間と今後もつきあっていけるか、よく考えて！

くちぐせ

- **それって俺だけのせいじゃないよね**
- **「俺の今後を見てほしい」って言ってるのに、信じられないの？**

\ **30%** 謝罪する /

モラハラ夫タイプ

DATA

罪悪感
○○○

逆ギレ度
○○○

「養ってやってる」と思っている
○○○

「養っている」を免罪符にやりたい放題

言葉の暴力で妻を傷つけるモラハラ夫。浮気を責めても逆ギレしてくるのは、内心、妻は所有物、浮気は男の甲斐性と思っているからかも。不倫は逆に、自分に有利に離婚する絶好のチャンスです。従順なフリをして油断させ、計画的にコトを進めましょう。

くちぐせ
- **養ってやってるんだから当然だろ**
- **何をやっても半人前だな**

❶❷をふまえて

何をしたら許せるか考えよう

完全には無理でも、夫を許すのは自分のため。何が必要かをよく考えて、気持ちを整理して

不倫をされたら、怒り、悲しみ、屈辱感など、さまざまなマイナスの感情が起こります。それは起こって当然のもの。**いったん全部吐き出し、その後は夫を許すことが大切です。**

これは、ひとつには自分のためです。いつまでも負の感情を引きずっていると、不倫された傷も癒えず、自分自身の人生に前向きになれなくなります。

ふたつ目には、夫との関係を維持していくためです。いったん許すと決めたなら、今後の人生を共にする相手として、フェアに扱う必要があります。過去の浮気でいつまでも夫を責め続けたりすれば、関係を再びギクシャクさせる原因になってしまいます。

では、「許せない」という気持ちを「許す」に変えるにはどうしたらいいのでしょうか。

130ページで紹介したように、夫に書面で約束してもらったり、ペナルティやプレゼントなど、謝罪の気持ちを形として残してもらうのも、ひとつの手段です。また、自分の心の問題ですから、自身でよく考えて、気持ちを整理することが大切です。

許すために……

“許せない”という気持ちを整理

「許せない」と簡単に口にするけれど、本当に、本当に許せませんか？
どうしたら許せるのか、自分の気持ちを整理してみましょう。

● 気持ちをすべて書き出してみる

夫に言いたいこと、自分の悲しい気持ちなどを書き出してみましょう。誰かに見せるわけではないので、恥ずかしくて人に言えない感情や、汚い言葉など、何を書いてもかまいません。おなかの中にたまっているドロドロとした感情を全部吐き出してみて。書いてみると意外と「あれっ、たいしたことない！」って思えるかも！

● 男友だちに話してみる

グチをこぼすなら、客観的に聞いてくれる男性がオススメ。男性心理についてもアドバイスしてくれるかも。女性は共感力が高すぎるので、一緒にどこまでも落ちこんでしまうかも。前向きな人に相談することが肝(きも)！

● カウンセリングを受ける

カウンセラーに導いてもらうことで、もつれあった自分の気持ちを整理していきます。臨床心理士によるカウンセリングがオススメ。夫婦のカウンセリングをやってくれるところもあるので、話し合いが平行線になってしまったら利用するのもいいかも。

● 夫に手紙を書く

新たな気持ちで関係をつくっていくため、夫に手紙を書きます。浮気されたことだけにとらわれず、今までの感謝の気持ちや結婚当初の幸せだった二人のこと、夫のよいところなども思い出し、やり直すためにどうしたらよいかを前向きに問いかけましょう。

MIKI's Advice!

私は臨床心理士によるカウンセリングを受けましたが、「あなた全然大丈夫だから、早く帰りなさい」と言われました（笑）。専門家が客観的に見て大丈夫だというのは自信になり、前向きに動き出すきっかけに。

サプライズや行動で示してもらう

「俺の今後を見て」なんて言ってくるかもしれないけど、約束を破った場合のために、きちんと担保をとっておくのが大事。口だけで許してもらおうなんて図々しい！

- 毎日手紙を書く
- スマホはいつでも見られるように！
- 飲み会、残業などの証拠を写メで示す
- 毎日「愛してる」と言う
- 一定期間は罵倒に耐える
- 坊主にする
- SNSで仲良しアピールをする
- 誕生日や結婚記念日などのイベントは忘れずに企画する
- トイレ掃除を担当する
- 毎週末デートに連れて行く
- やり直した日を二人の記念日にする
- 樹を植える、積立するなど、これから二人で過ごす期間を形として残す

気持ちを形で示してもらう

「モノで満足できるんだ？」と言われたら、「じゃあ、ほかに何ができるんだよ！？」とにこやかに言い返そう。だからと言って、今後の浮気をお金で許すという意味ではないので、そこはしっかり伝えて。

- 服、アクセサリー、時計、バッグなど
  高価なプレゼント
- エステの費用を負担する
- 旅行に連れて行く
- 毎日花束を買う
- 高級レストランに連れて行く
- 高額な違約金を示した公正証書にサイン
- 毎月、給料の一部を必ず妻のために使う

After Story
許すと決めた
ミキの
パターン

その後
地獄の日々が始まった

私だったら耐えられなーい！
絶対離婚する!!

も〜〜探偵なんて初めてよ！
もしかしたらこの席の近くにもいるかもよ!?

あれ……なんだこの反応

えっ てか浮気早くない？
結婚して2年だよね？

絶対またやるって！最低男 別れなよ
私なら死んじゃう〜

仕事の関係者!? 最悪じゃん
また顔合わすとか思わない？大丈夫なの？

いや…そもそも結婚してないじゃん
リアリティに欠けるアドバイス…

くっついたり
離れたりできる
彼氏とは違うからね??
ぽーい

別の日の飲み会
トントン

あははははっ

へぇ…
そうなんだ

ありえなくない?
一回許したのにさ
ほんとあの時は
終わったと思った

なんかなぁ…
はぁ〜〜
いらない
アドバイス
ばっかりだったな…

それで?
別れを言うつもり
だったとかなんか
言ってたけどさ〜

あ…
こないだと違って
話しやすいかも
男の方が
いいのかな…

え
そこミキの思考
よくわかんない
共感性低くて
物足りない所も
あるけど…

ねぇ誰？
名前教えて！
私 同じ業界だから
知ってるかも
相手の女の顔
見たい！

見てどうすんの？
私と比較でも
するつもり？

見せる為に
今もう一度あの顔を
確認しなきゃいけないのが
もう苦痛なんだけど

誰かに聞いてもらいたくて
飲み会の時に
話しまくったけど
余計疲れるだけだった

たぶん私は
マジ
パワフルだね！
うけるんだけど！
という言葉が
欲しかったのかもしれない

またある時は…
コイツが浮気野郎でーす!!!

ヒロキを
お酒の席に呼びつけて
公開処刑したりもした

ふら
ふら

まじ死ねし!!!
ナメんのも大概にしろよ
クソ野郎!!

私は完全に
感情のコントロールを
失っていた
偽善者!
ふら…

ねぇ死になよ!
なんで生きてんの!?
普通あんなことして
生きてられる?
すごいね!!

……ごめん

離婚しよ!!
もう一緒にいられない!
ふら
ふら
バカにしないで!

ごめん……
こんなもんじゃない…
私はもっと
苦しんだんだ…

自分だけ気持ちよく
性欲満たして
ドキドキして
バレないとでも思った!?
バカなの!?
ごめん…

もっと傷つけ!!
< 一ノ瀬ミキ
生きてる価値
無いよ
LINEでも
暴言を吐きつづけた

本当に私のこと
好きなの…?
もう裏切らない…?

ねぇ
いつまで
謝ってんの?
どれくらい
耐えられるの?

気持ち悪いんだけど!
死んで!
…ごめん

あんなブス
よく抱けたよね
何が良かったの?
……ごめん

ヒロキを試す日が
1ヶ月つづいた

彼は
私のすべての
感情・言葉・涙を

そう思えたとき

ごめん
真正面から
受け止めつづけてくれた

もう……
わかった

たぶん
何回言っても
同じだ
彼はまた
ちゃんと受け止めて
謝って 傷つく

これ以上
痛めつけても
きっと同じ
この人は変わらず
謝りつづけるだろう

私は彼を
彼の過ちを
許すことができた

Oishisugi 咖喱

んはっ！
めっちゃ美味しいね
特製カレー！

2年前に来たときは
全く味を感じられ
なかったけど…
最高！

味が…
感じられない…
え、どしたの？

聞いて……
旦那が浮気
してるっぽいの……
えっ

しかも10人の女と
えっ

……

…ってことは
一人100万円
慰謝料請求したら
1000万円
取れるじゃん！

いやいやいや
あ　ごめん
飛躍し過ぎた

ミキも前
旦那さんに浮気
されたよね？
どうして
許せたの？
うーん…

そりゃ新しいものに
目移りすることもあるよね
人間だもん
って思える
ようになって

人間は弱くて
愚かな生き物だから
私も含めみんな
清廉潔白じゃない

だから
時間がかかっても
「一生許さない」は
やめてあげた方が
いいと思う

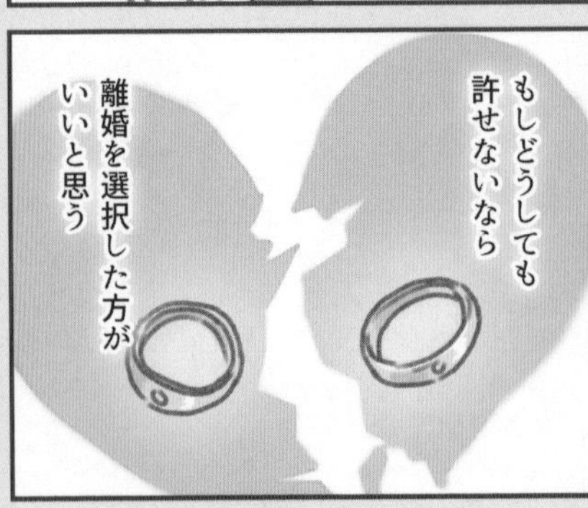
もしどうしても
許せないなら
離婚を選択した方が
いいと思う

「今は怒るけどいつかは許す」
そう思えるなら
結婚生活は
つづけていけるんじゃ
ないかな？

そっか……

一生一緒にいるとか
永遠の愛なんて
誓ってくれなくていいから

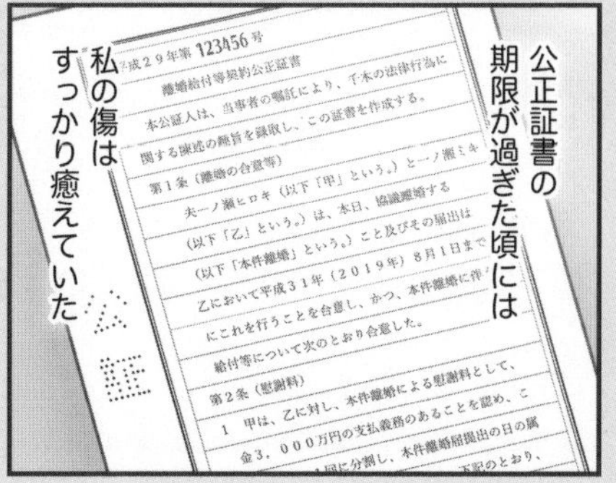

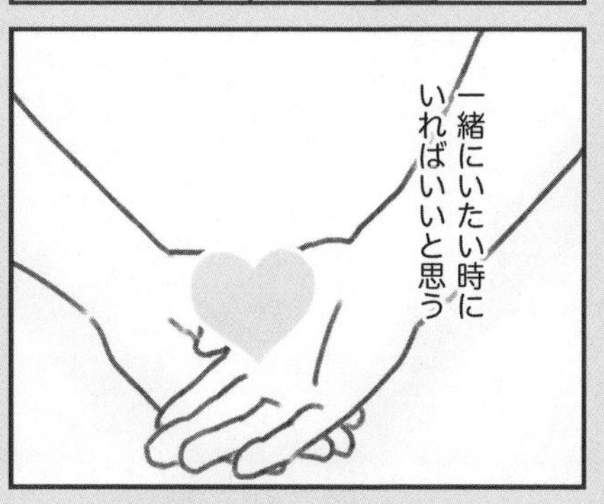

ヒロキは
「私と一緒にいたい」
という気持ちを
ブレずに持ってくれた

だから持ち直せた

ヒロキと一緒にいたい

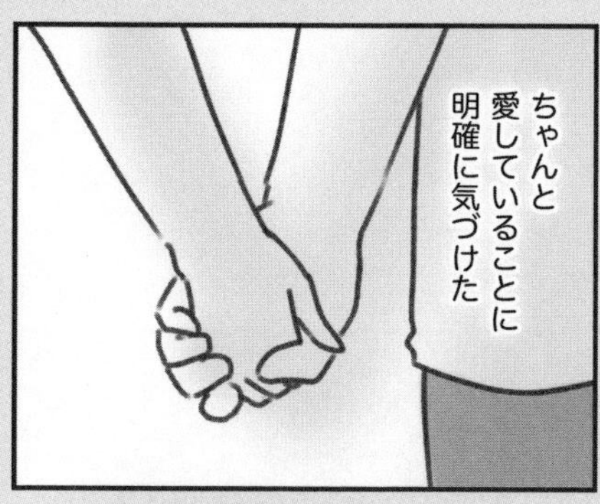

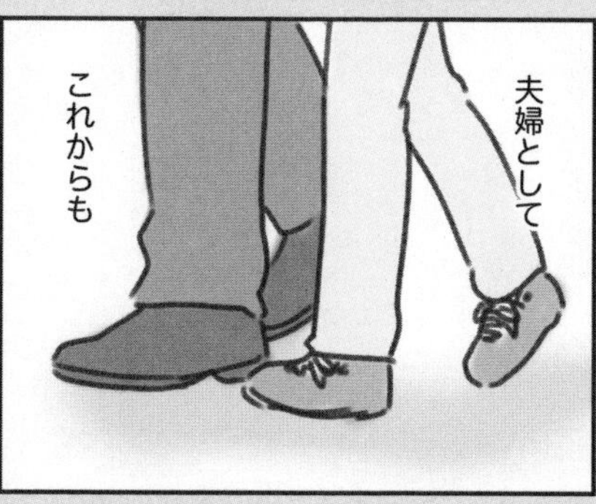

浮気される前よりも
今の方が
彼をずっと
深く愛している

教えて！

その後、相手の女から賠償してもらえたのか？

6/18	浮気発覚
7/5	無料相談で検索し、6人の弁護士と電話する （いくら慰謝料が取れるか聞いて、一番高い200万と言ってくれた方にお願いする）
7/8	弁護士事務所に行き、契約
7/9	着手金20万を振込み
7/17	弁護士に相手の住所を伝え、内容証明を送ってもらう （これ大事！ 住所がわかっていないと内容証明を送ることができない！）
7/28	10日以上過ぎて相手方の弁護士より、私の弁護士宛てに連絡あり
8/8	しばらく音信不通に （先方はお金がないため法テラスを利用。公的機関なので手続きに時間がかかるとのこと）
9/12	やっと相手方の弁護士より受任通知あり
10/12	相手方の弁護士と連絡が取れず、しびれを切らし、訴訟への切り替えを通知
10/15	相手方の弁護士より、やっと連絡あり （浮気は認めるが、200万は高額すぎるので30万で和解したいとのこと。当然受けられないので突き返し、引き続き200万を請求。ここからは根くらべ。私も訴訟になったら面倒くさい。向こうも当然裁判にはしたくない。負けるのは確定だし、費用がかかるから）
12/17	50万にしたいと連絡があり、つっぱねる
1/19	私の弁護士が弁護士事務所を退職、新しい弁護士に代わる （200万って言うから頼んだのに、対応もずっと事務的、やめるときも突然の1本のメールだけで、私もそれなりに萎える）
2/16	70万の一括支払いと謝罪文の要求をする （このあたりからどうでもよくなって、とにかく弁護士費用だけは最低でもとりたいという気持ち）
2/28	先方より、この条件で合意があり、終結・和解

交渉を時系列で示すとこんな感じで、結局70万円は一括で弁護士事務所に振り込まれました。そこから報酬金11万2,000円（獲得金額の16%）を引いた58万円ほどが私の口座に。とはいえ、最初に着手金の20万円を払っているので、38万円しか儲けがない!（笑）。

あとで聞くと、このパターンはまず訴訟にはならず、弁護士を立てず自分で、内容証明郵便で通知書を送るパターンもあるそう。やればよかった! 結局、謝罪文は届かず。私もどうでもよくなり忘れていました。

弁護士さんも優しいのかと思ったら、それは仕事の発注までで、あとは超機械的な対応。2人目の弁護士さんは顔も知りません……とほほ。弁護士費用はだいたい同じような条件のところが多く、大差はありませんが、何件か電話をして聞いてみたほうがいいかと思います!

Column Column Column

Part 3
完全勝利離婚 までの HOW TO

完全勝利離婚のフローチャート

夫が浮気をしていることを知ってしまったら、
問い詰めたくなりますが、そこはがまん！
完全勝利離婚のために、いったい何から
どのように進めていったらよいのかを示します。

MIKI's
Advice!

私は子どもがいませんが、お子さんがいる場合は慎重になりますよね！ しばらく別居でがまんして、子どもが就職・結婚などをしてから離婚する選択も。ちなみに、探偵事務所に浮気調査の依頼をした人の7〜8割が復縁するそうです。

絶対に
負けない!!

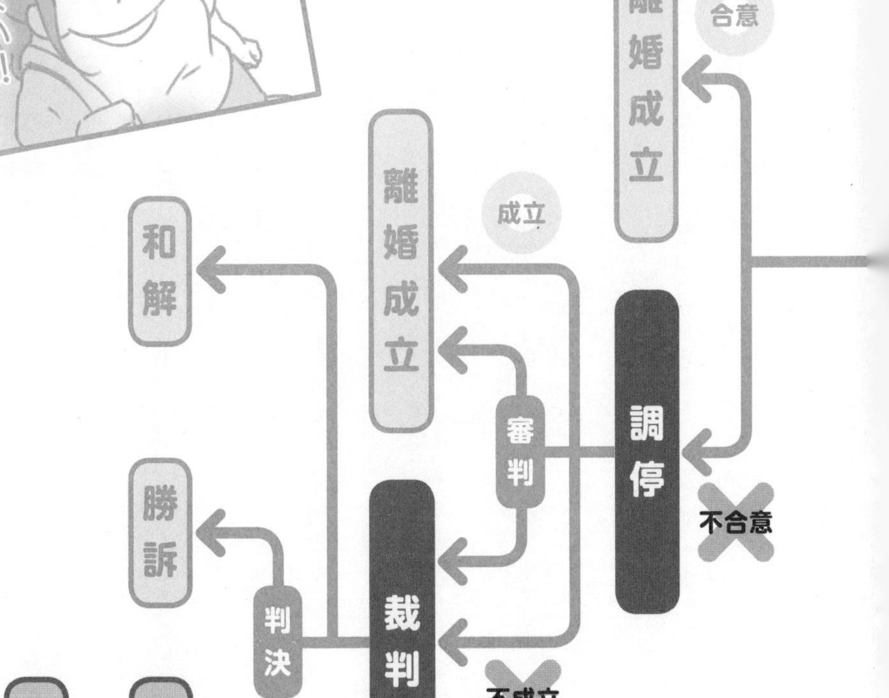

離婚成立
合意
調停
不合意
成立
離婚成立
審判
不成立
裁判
和解
判決
勝訴
敗訴
控訴

夫の浮気が発覚したら……❶

証拠をつかめば浮気した側からは離婚できない！

なるべく有利に離婚できるよう離婚についての基礎知識を知っておこう

男女平等とはいっても、離婚することになった場合、現在の社会状況ではまだまだ女性のほうが不利な立場に置かれることが多いようです。慰謝料や子どもの養育費、財産分与など、金銭面では相手の言いなりにならず、もらえるものはしっかりともらうようにしましょう！ そのためには、浮気が発覚してから離婚するまで、計画的にことを進めるようにします。法律的なことを含め、離婚に関する知識も知っておきましょう。

まず、**注意したいのが「相手に勝手に離婚されてしまう」ケース。**離婚の条件が互いに折り合わず、話し合いに時間がかかっている間に、相手がサインや印鑑を偽造し、離婚届を提出してしまうことがあります。もちろん違法ですが、書類が正しく記載されている限り、役所では受理されてしまいます。そうなると、離婚届を無効にするのは非常に大変。家庭裁判所での調停や、相手が離婚届の無効に同意してくれない場合には裁判に発展することもあります。このような事態を避けるために、先に「離婚届不受理申出」を役所に提出しておきましょう。

離婚届不受理申出

離婚届不受理申出の用紙は役所に行くともらえます。市町村によっては、用紙をダウンロードできるところも。必要事項を記入し、署名捺印したものを役所に提出しましょう。どこで出しても本籍地の役所に送られます。

離婚届
不受理申出

令和　年　月　日申出

長殿

受付 令和　年　月　日 発収簿番号 第　号 整理番号 第　号	発送 令和　年　月　日 長印
送付 令和　年　月　日 発収簿番号 第　号 整理番号 第　号	
書類調査 / 戸籍調査	

不受理申出の対象となる届出	離婚の届出 過去にした離婚の届出の不受理申出　□有　□無	
申出人の表示等	申出人	夫又は妻（特定されている場合）
氏名		
生年月日	年　月　日	年　月　日
住所（住民登録をしているところ）	番地 番　号	番地 番　号
本籍	番地 番	番地 番
	筆頭者の氏名	筆頭者の氏名
その他		

上記届出がされた場合であっても、わたしが市区町村役場に出頭して届け出たことを確認することができなかったときは、これを受理しないよう申出をします。

申出人署名押印	印

注意事項

1　あなた自身が届出の当事者でない届出についての不受理申出は、することができません。
2　この不受理申出書は、できるだけ本籍地の市区町村に提出してください。
3　原則として、申出人ご本人であることを確認することができる書類を提示する必要があります。
4　原則として、不受理申出は、郵送による方法は認められません。
5　あなたが不受理申出をした後に転籍等により本籍地を他の市区町村に変更した場合には、以後、この申出は新本籍地市区町村に対する申出となります。
6　不受理の取扱いをすることについて市区町村・法務局からお問合せをする場合がありますので、確実な連絡先を記載してください。
7　不受理申出の意思を改めた場合には、原則として、ご本人であることを確認することができる書類を提示の上、自分で署名押印した取下書を窓口に提出してください。
8　相手方を特定した不受理申出に係る届出が適法に受理された場合には、この申出は、効力を失います。

申出人連絡先（連絡方法の希望）	電話 （希望　）

市町村使用欄	項目	処理	処理内容等
	受領日時分		令和　年　月　日　時　分
	本人出頭		□あり　□なし
	本人確認方法		免・旅・住・その他（　）
	不受理申出人の本籍の変更等による送付		送付　年　月　日 発収簿番号 第　号 新本籍地
	取下げ（失効）となった日及び事由		年　月　日 取下・失効（失効事由　）

必要なモノ

- **運転免許証、パスポート、健康保険証、マイナンバーカードなどの本人確認書類**
- **印鑑（実印でなくてもOK）**

※本籍地が遠方で転送に時間がかかると、その間に離婚届を出されてしまうこともあります。離婚届不受理申出はなるべく早めに出す、これが鉄則です！

mini column

親権・慰謝料・財産分与

離婚の際、重要になるのが親権及び養育費・慰謝料・財産分与などです。夫婦両者で話し合って決めますが、ときには条件が折り合わず、調停や裁判で決めるケースもあります。子どもが幼少である場合、親権については女性のほうが圧倒的に有利とされています。**養育費**は子どもが成人するまで、あるいは社会人として自立するまでの間、生活費や教育費として親権者に支払われるお金です。**慰謝料**は離婚の原因をつくった夫や不倫相手に損害賠償として請求できるお金です（P.163）。**財産分与**とは、夫婦が協力して築いた財産を、その貢献度に応じて分配するもの。現金や不動産、家具や家電、年金、預貯金、車、有価証券、退職金などが対象となります。

とにかく数を集めるのが大事！ 証拠の集め方

くれぐれも夫に気づかれないよう密かに証拠を集めよう

「夫が浮気をしている！」と気づいたら、頭に血が上り、すぐに夫を問い詰めてしまいがち。今すぐ問い詰めたい気持ちはよくわかりますが、いったん感情にブレーキをかけましょう。浮気・不倫は法律上「不貞行為」となり、夫や相手に慰謝料を請求できますが、そのためには不貞行為を確実に立証する必要があります。でも、**浮気に気づいたことを夫や相手に知られると、用心して会うようになり、証拠をつかみにくくなります。そのため、密かに証拠を集めることが大切なのです。**

不貞行為の定義は配偶者以外との肉体関係ですが、離婚裁判で離婚の理由になり得るには、複数回の肉体関係である必要があります。つまり、「魔が差して1回だけ」という場合は、離婚理由や慰謝料の対象とならないケースがほとんど。ですから、二人でラブホテルに入るところの写真など絶対確実な証拠とともに、宿泊したことを示すLINEの写真など、いくつかの証拠を用意しておきます。ただ、こうした証拠を個人で用意するのはなかなか難しいため、探偵社などの専門家に依頼するのがおすすめです。

有効になる証拠

不貞行為の立証には、夫と浮気相手の肉体関係を示す証拠が必要です。ただし証拠には、一発で致死性のあるものと、そうでないものがあり、有効性をわかった上で、できるだけ多くの手札を集めることが大切！

レシート類、クレジットカードの明細

ラブホテルを利用したことがわかるレシートはもちろん、関連しているレシートやクレジットカードの利用明細を見つけたら、とっておきましょう。タクシーの領収書があると、どこからどこまで乗ったかを調べられることも（探偵社に頼んでね）。

Point › 複数とっておくこと

同じ店のレシートが何枚もあるなら、複数回会っている有力な証拠！

レシートからわかること

- **店舗名**
  ➡ホテルやレストラン、バーなど、店舗の種別がわかる
- **店舗所在地**
  ➡密会場所の近くかも！
- **利用日時**
  ➡いつ、どこにいたかの証拠に
- **購入品目**
  ➡避妊具などなら有効性アップ
- **利用人数（飲食店など）**
  ➡「2人」なら有効性アップ

意外な隠し場所

- **webメールアプリの未送信トレイ**
- **InstagramやTwitterなどSNSのDM**
- **予測変換（「あ」と打つと「愛してる」が一番目に出るなど）**

メール、LINEなどの文面

肉体関係を持ったことを示す内容のやりとりがあると、写真などの決定的な証拠を補強することができます。ただし、文面だけでは単独の証拠になり得ません。既婚と知っている内容の文面があったら、それも撮影しておきましょう。「結婚していること知らなかったんです」と言われたときの有効な材料になります。ただし夫が独身だとウソをついていたら、夫が女性から訴えられる可能性が。

Point › LINEは動画で！

LINEやメールに浮気の証拠が記されていたら、送受信画面を撮影しておきます。おすすめの裏技が、スクロールさせながら動画で撮影する方法。ただしLINEは、「既読」にならないように機内モードにするなどして、ネットを遮断してから撮影を！

写真、動画

- **ラブホテルに出入り**
  ➡目安：2回分で決定的
- **シティホテルに出入り**
  ➡目安：2回以上＋補強材料
- **相手の自宅に出入り**
  ➡目安：2回以上＋補強材料
- **性行為やその疑似行為、裸体の写真、動画**
  ➡目安：1回分あれば決定的
- **二人での旅行写真**
  ➡目安：1ショット＋補強材料

夫の浮気が発覚したら……③

探偵社に依頼する

複数社から見積りをとって選ぶ。探偵料を慰謝料に加算できる場合も

法的に有効な証拠を集めるには、夫や相手にわからないよう尾行をし、写真を撮影する必要があり、素人ではなかなか難しい……。探偵社に依頼するのがおすすめです。

では、どのようにして探偵社を見つければよいのでしょうか。

インターネットで「浮気調査」を検索すると、たくさんの探偵社がヒットします。高額なところから比較的安価なところまで幅広く、料金形態もさまざまです。

ただし金額が安いからと、即決するのは避けて。なかには時間を引き延ばして料金を上乗せするなど、悪質な会社もあるからです。なるべく、わかりやすい料金形態をとっている会社を選び、必ず複数の会社から見積りをとりましょう。無料相談を受け付けているところも多いので、探偵社の雰囲気を知るために相談をしてみるのもおすすめです。

探偵社に依頼すると、10万円から、ときには百万円以上の大きなお金がかかりますが、有力な証拠をとることができ、**離婚に至れば、かかった費用の全額もしくは一部を、離婚慰謝料に加算できる場合もあります。**

GPSをつける

「探偵社は高額すぎる！」という人は子ども用の見守りGPSを駆使しても！

探偵社に依頼すると、「こんな大金を使ってしまっている」というプレッシャーや、探偵社からあがってくる証拠写真や浮気の事実に、精神的に不安定になってしまう人もいるようです。また、探偵社の費用を自分で用意できたり、マンガのミキのように母親が貸してくれたりする人はいいのですが、「金銭的に厳しい！」という場合は、**子ども用の見守りGPSを夫のカバンにこっそり入れておく**という手もオススメ。

サイズは500円玉くらいで、月額500円くらいからのものが多いようです。アプリで移動履歴を見ることができるので、浮気相手の家を探ったり、ラブホテルに入るところを確認したりすることも可能に。見守りGPSを使って、夫の行動履歴をざっくりつかんでから探偵社に依頼するのもいいかもしれません。何曜日に会っている、場所は大体いつもここ、ということがあらかじめわかっていると、尾行時間が短くできて、費用の節約にもなります。一回の充電で1週間くらい持つので、夫のカバンの奥底に入れておきましょう。ここで見つからないように、くれぐれも慎重に！

夫の浮気が発覚したら……⑤

弁護士が必要かどうか考えよう！

話し合いに時間がかかりそうなら弁護士に依頼するのもひとつの手段

離婚条件を有利に設定でき、互いの納得のもと、離婚届にサインができるのであれば問題ありません。

しかし多くの場合、それほどスムーズにはいかないようです。条件面で折り合いがつかなかったり、相手がどうしても離婚に応じてくれず、調停や裁判に持ち込まれたりするケースもあります。そうしたケースが予測される場合は、あらかじめ弁護士に依頼するのもひとつの手です。

法律の知識に基づく実際的なアドバイスを受けられるので、慰謝料などの条件面でも有利に運ぶことができます。親権や養育費などの取り決めで、後で後悔するような失敗を防ぐこともできます。

また、**当事者間では感情面の対立から話がループして、いつまでも離婚にこぎ着けないということが起こりがちです。そこに弁護士という第三者が入ることで、話が進みやすくなるというメリットもあります。**

慰謝料の相場

慰謝料とは、不倫によって離婚に至った場合の、精神的苦痛に対する補償。結婚期間や不倫期間、子どもの有無、精神的苦痛の程度を考慮して決められ、50万円から最大300万円くらいといわれています。

夫と浮気相手の双方に請求する

慰謝料は夫と浮気相手のそれぞれに請求できます。離婚しない場合は夫に請求しても意味がありませんが、離婚する場合は、双方に請求を。慰謝料は調停や裁判で、浮気の状況や経済事情を考慮して減額されることがあります。双方に請求しておけば、減額による損失を少しでも防ぐことができます。ただし慰謝料をもらうことに合意できても、相手が破産をしたら1円ももらえないので、相手の懐具合もチェックを！

例えば…

夫に請求しない場合　**夫** 0円 ＋ **浮気相手** 300万円請求
＝300万円

双方に請求する場合　**夫** 300万円請求 ＋ **浮気相手** 300万円請求
＝600万円

浮気相手が「夫婦関係が破たんしていると言われ、そう信じていた」と主張し、100万円に減額

夫に請求しない場合　**夫** 0円 ＋ **浮気相手** 100万円請求
＝慰謝料100万円を獲得

双方に請求する場合　**夫** 300万円請求 ＋ **浮気相手** 100万円請求
＝慰謝料400万円を獲得

mini column

弁護士費用が払えないときは、法テラスの利用を検討

法テラスとは、法トラブルの情報提供やサービス提供を無償で行っている公的機関です。法テラスでは、業務のひとつとして「民事法律扶助業務」を掲げていて、弁護士による無料相談や弁護士費用の立て替えを行っています。なお、サービスを受けるためには、資産や月収が少ないこと、勝訴の見込みが多少ともあることなど、いくつかの条件があります。もちろん、最終的には返済しないといけないのでご注意を！

相手の女と話す決意を固めよう！

「浮気」「不倫」という不法行為を相手の女に認めさせる

夫の浮気が発覚したら、**自分自身が浮気相手と一度会っておく必要があります。**

まず、離婚しないと決めたなら、きっちりと関係を断ち切っておくことが重要。浮気相手に会うのは、そのための有効な手段です。たとえ夫が「もう会わない」と言っても、女がしつこくつきまとい、その結果、関係が再燃してしまうということも多いからです。

また、夫に対して「浮気をしたら自分はここまでやるよ」という決意を態度で示す意味があります。想定したくないことですが、夫とどうしてもやり直せず、離婚せざるを得なくなった場合にも、より優位な立場に自分を置くことができます。

一方、離婚するのであれば、たとえ夫と浮気相手の関係が続いたとしても、自分には関係のないことかもしれません。夫の浮気相手なんて、顔も見たくないところでしょう。

でも、自分自身の気持ちの整理のためにも、浮気相手との面談は通っておかなければならない大切なステップです。重要なのは、目的を明確にしておくこと。**復讐ではなく、妻の当然の権利とコトの重大性を伝えるために会うという心がまえでいましょう。**

自分のために相手の女と会う

浮気相手と会うときには目的を明確にしておきます。そうでないと、感情的になり、相手を責めたり、暴力に訴えたりしてしまうことになります。

● 自信を持って会う

浮気をされると、女性として、妻として不足があったのかもしれないと、自分を責める気持ちがわいてくるもの。でも、絶対的に悪いのは夫です。どんな理由があったとしても、信頼を裏切り、家庭を壊すことは許されません。自分自身への反省もあるかもしれませんが、それは後ですればよい話。相手の女と対峙するにあたり、まずは自分に自信を持ちましょう。

● 不法行為であることをわからせる

浮気されたこと以上に不快なのが、自分自身が憎しみや嫉妬といった不快な感情を持つ、イヤな人間になってしまうこと。まして夫の浮気相手に、そんな姿を見せるのは屈辱的。だからこそ、相手に会いたくない気持ちが強くなるのです。しかし、相手に会うのは今後を有利に進めるための布石。不法行為を犯して妻の権利を侵害したこと、そしてこちらはそれに対して怒っていることを、相手にきちんと伝えることが大切です。

mini column

浮気にも“時効”がある？

配偶者以外と肉体関係を持つことは、「不貞行為」という民法上の違反行為になります。不貞をされた側は、相手に離婚請求をする権利があり、浮気をした側やその相手は慰謝料を支払う義務を負います。ただし、不貞行為にも時効があります。浮気をしている事実や、その相手を知った時点から3年間（相手がわからない場合も不貞行為をしてから20年が過ぎたら時効）で、慰謝料を請求する権利は失われてしまうのです。ですから、浮気相手に慰謝料請求をする場合は、浮気を知ってから3年以内に行う必要があります。

浮気相手を待ち伏せよう!

相手に心の準備をさせないため、不意打ちで会いに行く

浮気の相手には、相手に心の準備をする余裕を与えないように不意打ちで会いに行きましょう。そこで問題となるのが、相手の連絡先。浮気発覚を夫に知られているなら、夫から聞けばいいことですが、まだそこまで至ってない場合は、自分で突き止めます。

大変なようですが、実はそうでもありません。職場や仕事先の関係者が相手の場合がほとんどなので、夫の行動を予測し、会社を見張ることでわかるケースも多いのです。夫は、妻が浮気相手に会うのを最も嫌がるので、気づかれる前に浮気相手を突き止めて!どうしてもわからない場合は、相手を突き止めるまでを探偵社に依頼します。

面談で大事なのが示談書。あらかじめ用意しておき（171ページ参照）、その場でサインさせます。この示談書は、不倫中の盛り上がっている二人のホットな脳みそに冷や水をぶっかける効果があります。もうひとつの重要な役割が、不倫の事実を認めさせること。後にトラブルになっても、慰謝料の交渉から入れますし、離婚に至ってしまった場合にも、慰謝料請求の上でひとつの有利な証拠になります。

待ち伏せの方法

浮気相手に会うのは、裁判で有利な材料となる示談書にサインさせるのが目的。浮気相手の帰宅途中などに呼び止めて、交渉のできる場所へ連れて行きましょう。

時間

浮気相手が仕事などの理由で逃げられないよう、勤務時間後の時間帯がおすすめ。

場所

浮気相手の会社の前、自宅の近くなど、絶対に捕まえられる場所で。

セリフバリエーション

相手が理由をつけて逃げようとしたら、次のような決めのひと言を。

実家にダメージ

「今お話を聞いていただけないのでしたら、ご実家におたずねして親御さんに事の次第をご説明しますが、それでもよろしいですか」

家庭にダメージ

「ご主人やお子さんはご存じではないですよね。あなたとお話しできないままでは私も困りますので、ご自宅に伺うしかありません」

会社にダメージ

「あなたの上司に、夫との関係をお話ししてもいいんですよ。でもそれよりは、今お話を聞いてもらったほうがいいんじゃないですか」

夫の浮気が発覚したら……❽

浮気相手との面談で示談書をとろう！

面談の目的は示談書にサインさせること。事前の準備が大切なので、綿密に計画を立てて

浮気相手に会うとなると、「許せない」「こんな女」などと気持ちが高ぶってしまうのも無理はありません。しかし交渉ごとの常として、感情でことを進めたら、こちらの負けです。感情的になると、売り言葉に買い言葉で、後々不利になる約束をしてしまったり、脅迫や暴力といった、立場が悪くなる行動をとってしまったりすることになります。

まず、相手の受け答えを想定し、あらかじめ計画を立てておきます。自分の言うべきことを紙に書いておくのもよいでしょう。**とにかく、「示談書をとる」という目的を達成することが大事なのです。**とはいっても、相手が突っかかってくれば腹が立ちます。そんなときも冷静になれるよう、人目のある場所を選ぶ、親に同席してもらうなど、自分の心にブレーキをかけられるよう、対策を打っておきます。

なお探偵社のなかには、こうした事態の対策を一緒に考えてくれるところもあります。事前に面談のロールプレイングをしておくと、自分の想定どおりに交渉を進めることができます。浮気調査を探偵社に依頼した場合には、相談してみるとよいでしょう。

面談で気をつけること

浮気相手との交渉では、まず「本当につらい思いをしている」など、下手に出て訴えます。また、不倫は不法行為のため、出るところに出れば大事になることを、それとなく伝えます。

冷静なセリフ例

こうして当事者同士でお話ししているのですから、私もこれ以上のことはしたくありません。サインしていただけると本当にありがたいんです

私は絶対に夫と別れませんし、このまま不貞行為を続けていると、あなたの人生にも差し障りが出てくるかもしれません。それよりは、もう会わないという約束でこの書類にサインしていただけませんか

場所

カフェやファミリーレストランなど、人目があり、落ち着ける場所で。自分の知人が出入りするような場所は避けて。

準備するもの

浮気の証拠、示談書、筆記用具、交渉を記録するレコーダーは必須。また相手に伝えることをメモにして持っておくのもおすすめです。

注意事項

相手は敵ですが、だからといって威圧的にならないこと。こちらが攻撃すれば相手も挑戦的になり、交渉をスムーズに進められなくなります。また、「慰謝料を払え」などとお金のことを口に出すと、後々不利になります。相手がサインをしない場合は「裁判を起こす意思がある」ことなどを伝えます。それでもサインに応じないなら、無理強いせずに引き上げましょう。

MIKI's Advice!

相手の女に会うのは、普通は嫌ですよね。私は好奇心のほうが勝って、そこまで会うのが嫌じゃありませんでした。会ってみたら、非常に不愉快でしたが。でも、会わずにいたら見えない敵にずっと怯えていたかも。最近、Facebookで「知り合いかも」のところに花岡さんが出てきたので、たぶん私のFacebook見てるのかな？ まだ過去にとらわれてるんだ、かわいそうにと思いました。

夫への誓約書文例

夫の浮気の再発を防止する方法として、誓約書があります。今後、二度と浮気をしないことを約束させ、再び浮気をした場合は罰金を支払うことを取り決めて金額も記載しておくと、その金額を請求できます。

誓　約　書 ── 表題

甲（○○○○）と乙（○○○○）は、本日、以下のとおり合意した。

1. 甲は乙に対し、甲が、20××年×月から20××年×月までの間、○○○○（以下「丙」とする）と、継続して複数回の不貞行為を行った事実を認め、謝罪する。 ── 不倫の事実内容と謝罪

2. 甲は乙に対し、本誓約書作成後、丙と面会しないこと及び電話、手紙、メール、SNSなど手段の如何を問わず、丙と連絡を取らないことを約束する。

3. 甲は乙に対し、今後、丙を含むいかなる第三者との間でも、不貞行為を行わないことを約束する。 ── 誓約する内容

4. 甲は乙に対し、本誓約書記載の合意事項に違反した場合は、金3000万円を支払うことを認めるとともに、乙からの協議離婚請求に応じることを誓約する。

5. 甲と乙は、前項の協議離婚にあたり、親権、離婚慰謝料、財産分与等の事項を別途協議して定めるものとする。 ── 誓約内容に反した場合の取り決め

本誓約書における合意内容を証するため、本書面を2通作成し、甲乙各自が署名捺印の上、それぞれ各1通を保管する。

令和　　年　　月　　日 ── 誓約書に署名・捺印した日付

（甲）住所

氏名　　　　印

（乙）住所

氏名　　　　印 ── 当事者の住所・自署・捺印

MIKI's Advice!

私は誓約してもらう内容を公正証書にしたことで、心がめちゃくちゃ落ち着きました。夫の本気もわかったし、万が一、今後浮気されたとしても、3000万円が手に入る！と思うとワクワクしました（笑）。

浮気相手への示談書文例

浮気相手などに、不倫をした事実を認めさせ、違反した場合の慰謝料などの取り決めを行うのが示談書です。後で裁判になったときも有効な証拠になります。

示　談　書 ── 表題

○○○○（以下「甲」とする）と○○○○（以下「乙」とする）は、本日、当事者間で以下のとおり合意した。

1. 乙は甲に対し、甲の夫である○○○○（以下「丙」とする）と令和○年○月○日より、継続して複数回の不貞行為を行った事実を認める。
2. 乙は甲に対し、自らの行動により、甲を深く傷つけ、多大な精神的苦痛を与えたことを認め、謝罪する。甲は、乙の心情を汲み取り、すべて許す。
3. 乙は甲に対し、前項に対する慰謝料として、金100万円を、令和○年○月○日限り、一括して、甲が指定する口座（○○銀行○○支店・普通・1111111・○○○○）への振込みにより支払う。なお、振込みにかかる手数料は、乙の負担とする。
4. 乙は、丙と、いかなる理由があろうと、今後一切、接触をもたない。
5. 甲及び乙は、知り得た当事者に関する秘密を、第三者に口外してはならない。
6. 甲及び乙は、次に規定する行為を行ってはならない。
   (1) 相手方の住居及び勤務先を訪問すること
   (2) 相手方、及び、相手方の親族、知人・友人等と接触すること
   (3) 相手方に義務のない行為を行わせること
   (4) 相手方の名誉を害する事実を告知すること
   (5) その他一切の迷惑行為
7. 乙が、本示談書の一つにでも違反した場合は、違反行為一回につき、違約金として金20万円を支払う。
8. 甲乙の間には、本示談書に記載したもの以外、一切、債権債務は存在しない。

甲、乙間で上記のとおり合意が成立した証しとして、本示談書を2通作成し、甲、乙それぞれが署名捺印の上、各自1通を保有する。

令和　　年　　月　　日

（甲）住所
氏名　　　　　　印
（乙）住所
氏名　　　　　　印

不倫の事実内容（日付、場所など）：1.

謝罪条項（謝罪と承諾、免責や許すという意思など）：2.

慰謝料の取り決め（金額の名目、支払い方法、支払い期限）：3.

取り決めた合意内容（もう会わない、告訴しない旨など）：4.〜6.

不履行に関する取り決め（遅延損害金や違約金など）：7.

精算条項（相互に合意した内容以外に請求しない旨）：8.

示談成立日：令和　年　月　日

当事者の住所・自署・捺印

MIKI's Advice!

示談書のポイントは、日付や金額、その支払い方法などを具体的に明示すること。自分で作成するときは、親や友人など、第三者に確認してもらっても。

ミキも依頼した

安心の成功報酬型

RCL探偵事務所

警察OB × 最新ハイテク調査 × 無料カウンセリング

浮気調査なら、私も依頼したRCL探偵事務所がおすすめ。調査日数や調査時間など、目的に合わせた調査プランを提案してもらえるだけでなく、成功報酬型の料金体系なので安心。

多くの警察OBや女性探偵が在籍し、GPSを使用した最新ハイテク調査を行うとともに、経験豊富なカウンセラーによる無料カウンセリングもあり、高い調査力とサポート力で、浮気問題やさまざまな悩みに対応してもらえます。

証拠が取れなければ0円

完全成功報酬型のプランと、
目的に合わせて調査時間を決められる時間制の定額プランがあります。

安心プラン ❶ | 責任調査プラン（完全成功報酬型プラン）

調査日に不貞の証拠が取れなかった場合は0円で、費用が一切かからない完全成功報酬型。

安心プラン ❷ | 時間制 安心パックプラン

調査に使った時間のみに料金がかかり、契約した時間が余った場合は払戻し精算が可能。

高い調査力とサポート力で、安心のサービス

探偵調査とカウンセリングはもちろんのこと、
家庭問題に強い法律家も含めた三位一体型サービスを提供しています。

カウンセリング
経験豊富な
専任カウンセラー
によるサポート

RCL
探偵事務所

法律家との連携
法律や家族問題に
特化した弁護士や
専門家と連携

Point
顧問弁護士の事務所に併設
調査後もスムーズな法律相談が可能

調査
業界歴10年以上の
ベテラン調査員が
浮気を徹底調査

0120-060-783
直通ダイヤル
24時間365日
対応可能！

相談無料 | 非通知・匿名OK | 24時間対応

おわりに

お読みいただきまして、ありがとうございました！　原作者のSOMANです。

今でも漫画を読み返すとあまりにリアルで、あのときの悲しかった気持ちが昨日のことのように思い出され、少しつらくなります。でも全然笑えたりもします。人間って強いですね。

あのときは、心からまた笑える日がくるなんて思わなかった。今はこの原稿を書く私の前で、夫はソファでゴロゴロしております。

2年前と私が変わったことといえば、今はバリバリフルタイムで働いているってことでしょうか！

やっぱり、一人の男に生活すべてを賭けるのはリスキーすぎるなあと、今回のことで本当に思い知りました。私も夫に経済的に依存していた部分があったし、これからは心も経済もきちんと自立して、お互いが個々の人間として、今この人と一緒にいたいからいる、っていうのを徹底していきたいなーと思っています。

漫画に出てきた公正証書は期限が2年間でしたので、このあいだ期限が切れたのですが、夫に「どうする?」と聞いたら、「更新してもいいよ」と言ってくれました。もう、その言葉だけで充分。私の中ではこの公正証書は最大のお守りでもあり、これがあるからこそ、この人は離婚できないんじゃないか？　本当はこれがなければ離婚したいんじゃないか？　と不安になってしまう諸刃（もろは）の剣（つるぎ）にもなっていました。なので、「更新はしない。その代わり、なんか買って♡」と腕時計を買ってもらいました（笑）。

今は私たちの間に公正証書もないし、誓約書もありません。

それでも一緒にいたいから一緒にいる、健全な形になったと思います。

この2年間くじけそうになったときもあったけど、ここまで信頼関係を回復できたのは他ならぬ公正証書の後ろ立てがあったからなので、とっても感謝はしております！

この本は、みなさんの役に立てましたか？　本当はここに、私の携帯電話の番号を載せたいくらいです。

つらいときは相談して、っていうのは無理ですが、この本が少しでもあなたを救えたら本望です！

SOMAN

平凡な主婦
浮気に
完全勝利する

著者
SOMAN

2020年6月30日　初版発行

発行者　横内正昭
編集人　青柳有紀

発行所　株式会社ワニブックス
〒150-8482 東京都渋谷区恵比寿4-4-9 えびす大黒ビル
電話 03-5449-2711（代表）
03-5449-2716（編集部）
ワニブックスHP http://www.wani.co.jp/
WANI BOOKOUT http://www.wanibookout.com/

印刷所　株式会社 光邦
製本所　ナショナル製本

定価はカバーに表示してあります。
落丁本・乱丁本は小社管理部宛にお送りください。送料は小社負担にてお取替えいたします。ただし、古書店等で購入したものに関してはお取替えできません。

ISBN 978-4-8470-9927-4

イラスト・マンガ
ゆむい

装丁・本文デザイン
木村由香利（986DESIGN）

執筆協力
圓岡志麻

協力
RCL探偵事務所

編集
有限会社ヴュー企画

編集統括
吉本光里（ワニブックス）